EDITOR'S LETTER

도시마다, 공간마다, 사람마다 저마다의 색과 향을 가지고 있습니다. 하동은 그 색과 향을 어느 곳보다 은은하지만 뚜렷하게 보여주고 있었습니다.

찻잎을 따는 사람들, 차밭에서 흘러나오는 차향, 바람에 흩날리는 벚꽃들, 섬진강 위 반짝이는 윤슬, 산 넘어 붉게 물든 마을 그리고 가게 앞에서 늘어지게 잠을 자는 고양이까지. 느린 일상 속 소박하지만 여유로움이 깃든 곳이 하동이었습니다.

전통을 지켜오면서 자신들의 방식으로 하동을 발전시키고, 가꾸는 사람들. 하동을 사랑하는 수많은 사람이 있었기 때문에 하동의 자연과 삶, 문화를 온전히 느낄 수 있었습니다.

<트립풀 하동>은 이런 이들의 마음과 공간을 담고자 노력했습니다. 차밭과 차가 함께하는 티 플레이스, 역사와 문화가 공존하는 마을, 자연에서 즐길 수 있는 액티비티, 그리고 하동에서만 맛볼 수 있는 음식과 카페, 처마 아래 감성이 깃든 한옥 숙소까지. 하동의 매력을 느낄 수 있는 공간 한곳 한곳을 고심해 이 책에 담았습니다.

하루하루 치열하게 보내는 일상 속에서 <트립풀 하동>이 당신에게 한 템포 쉬어갈 수 있는 시간을 선물하길 바랍니다.

황정윤

CONTENTS

Issue
No.23
HADONG

화개
악양
청암

WRITER
이지앤북스 편집팀

찻잎을 따는 눈썰미로 글을 고르고, 천천히 그에 맞는 무게와 양감, 표정과 자세를 지어낸다. 다작하지 못해도, 당장의 이익이 크지는 않더라도 권권이 좋은 책을, 내일 부끄럽지 않은 책을 만들어가고 있다.

Tripful = Trip + Full of
트립풀은 '여행'을 의미하는 트립TRIP이란 단어에 '~이 가득한'이란 뜻의 접미사 풀-FUL을 붙여 만든 합성어입니다. 낯선 여행지를 새롭게 알아가고 더 가까이 다가갈 수 있도록 도와주는 여행책입니다.

※ 책에 나오는 지명, 인명은 외래어 표기법 및 통용 표현을 따르되 경우에 따라 발음에 가깝게 표기했습니다.

※ 잘못 만들어진 책은 구입한 곳에서 교환해 드립니다.

PREVIEW :
ABOUT HADONG

012 **NATURE IN HADONG**
자연을 담은 하동

014 **DADAM CULTURE IN HADONG**
하동의 다담 문화

018 **RUSTIC LIFE, HADONG**
러스틱 라이프, 하동

18

022 **WHERE YOU'RE GOING**

SPECIAL PLACES

026 **TEA PLACE**
차향 가득한 티 플레이스

SPOTS TO GO TO

040 **HWAGAE**
역사와 자연이 흐르는 곳, 화개

044 **AGYANG**
예술이 깃든, 악양 일대

48

050 **HADONG-EUP & SOUTH**
소박하지만 아름다운, 하동읍 & 남부

054 **[THEME] EXPERIENCE**
오직 하동에서만

056 **[THEME] ACTIVITY**
오감 만족, 액티비티

EAT UP

060 **CAFE HOPPING**
카페 호핑

062 **DESSERT & BAEKERY**
달달한 여행, 디저트 & 베이커리

064 **[SPECIAL] HADONG LOCAL FOOD**
하동 로컬 음식

066 **[SPECIAL] HADONG MARSH CLAM**
하동 재첩 음식

| 068 | **CHICKEN & DUCK MEAT**
쫄깃한 닭 & 오리고기

| 070 | **LOCAL RECOMMENDATION**
로컬도 반한 맛집

| 074 | **KOREAN BEEF**
입에서 사르르 녹는 한우

| 076 | **HADONG INN & LIQUOR**
옛 감성, 하동 주막 & 술

SHOPPING

| 080 | **LOCAL MARKET**
하동 시장에 가면

| 081 | **HADONG SPECIALTY**
하동 특산품

PLACES TO STAY

| 082 | **HANOK STAY**
처마 아래 감성, 한옥

| 086 | **RESORT & GUEST HOUSE**
하동 리조트 & 게스트하우스

PLAN YOUR TRIP

| 088 | **THE BEST DAY COURSE**
테마별 코스 추천

| 092 | **TRAVELER'S NOTE & CHECK LIST**
여행 전 알아 두면 좋은 것들

| 094 | **SEASON CALENDAR**
언제 떠날까?

| 095 | **FESTIVAL**
이색적인 축제가 한가득

| 096 | **TRANSPORTATION**
하동 교통

MAP

| 097 | 지도

PREVIEW:
ABOUT HADONG

산과 물, 역사와 문화가 스며든 공간에서 새로운 색을 입히고 있는 하동.
자연의 경치를 빌려 가꾸고, 변화시키는 하동의 오늘을 만나보자.

01
NATURE IN HADONG : 자연을 담은 하동

02
DADAM CULTURE IN HADONG : 하동의 다담 문화

03
RUSTIC LIFE, HADONG : 러스틱 라이프, 하동

하동은 남해안을 끼고 있어
강과 산뿐만 아니라 바다까지
자연을 품고 있는 모든 곳이 아름답다.

○ PREVIEW

NATURE IN HADONG

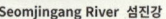
Seomjingang River 섬진강

자연을 담은 하동

물길과 숲길을 따라 역사가 만들어지는 곳, 하동. 한쪽으로는 섬진강이 흐르고, 또 한쪽으로는 민족의 영산 지리산과 청정 해역 남해안을 끼고 있는 하동은 자연이 준 모든 선물을 담고 있다. 자연과 함께 하동은 새로운 문화와 역사를 만들어가고 있다.

Jungpyeonghang 중평항

#물길 따라 흘러가는 섬진강
예부터 선조들은 식수와 음식을 구하기 쉬운 곳에 모여 살았다. 노령산맥 동쪽 비탈면과 소백산맥 서쪽 비탈면인 팔공산에서 흘러나오는 총 길이 212.3km, 유역 면적 4,896.5km2 섬진강을 끼고 있는 하동 또한 강 주변으로 장터, 마을이 만들어졌다. 지금은 곳곳에 마을이 생기고 물자 교류가 쉬워졌지만, 한강, 낙동강, 금강에 이어 네 번째로 긴 강인 섬진강을 따라 하동의 문화와 생활이 형성되었다는 거에는 변함이 없다. 섬진강은 이제 강으로의 역할을 넘어 여행객들에게 사랑받는 관광지로 확장해 가고 있다.

#작지만 아름다운 바다
많은 사람이 하동 하면 떠오르는 곳이 섬진강과 지리산이다. 사실, 하동은 남해안을 끼고 있어 강과 산뿐만 아니라 바다까지 자연을 품고 있는 모든 곳이 아름답다. 남북으로 긴 지형을 가진 하동은 바다를 끼고 있는 다른 지역에 비해 해안선 길이가 짧으며 리아스식 해안이 잘 나타나 있다. 유인도 1개와 무인도 21개가 있으며, 바다를 곳곳에서 볼 순 없지만 하동의 작은 바다는 오는 사람을 포근하게 반긴다. 하동을 방문한다면 아름다운 풍광과 청정 해역에서 잡아 올린 해산물이 있는 하동의 바다로 떠나봐도 좋다.

Tripful —— PREVIEW

Pyeongsa-ri Field 평사리들판

Ssanggyesa Temple 쌍계사

Haetteul Farm 해뜰목장

#민족의 영산
한라산, 금강산과 함께 삼신산에 해당하는 지리산. 경상남도 하동, 산청, 함양, 전라북도 남원, 전라남도 구례에 걸친 지리산은 5개 지역의 경계선 역할을 하고 있다. 1967년 국립공원 제1호로 지정된 만큼 사계절 아름다운 모습과 870여 종의 다양한 동물들이 서식하면서 등산객뿐만 아니라 세계 여행객들에게 사랑받는 명산이자 신령스러운 산이 됐다. 총면적 438.92km2 중 하동에 속하는 면적은 84.3km2. 하동이 포함된 지리산에는 쌍계사, 칠불사 등 사찰을 비롯해 청학동, 도인촌 등 역사, 문화 관광 자원이 풍부하다.

Yangjang Salon 양장점

PREVIEW

DADAM CULTURE IN HADONG

Maeamjedawon 매암제다원

하동의 다담 문화

차 시배지인 하동은 차밭이 곳곳에 즐비해 있다. 하동 화개를 걷다 보면 커피를 파는 카페보다 찻집을 더 많이 만날 수 있을 정도. 우리나라 카페에 익숙해져 있다면 조금 어색하고 생소한 풍경일 수 있다. 하동 구석구석 차를 즐길 수 있는 찻집이 많아 이곳만의 '차 문화'를 경험하고 느끼기에 충분한 하동. 차 맛과 이야기에 푹 빠져볼 시간이다.

'커피 드릴까요? 차 드릴까요?'
하동 사람을 만나면 이런 질문을 받을 수 없다.
자연스레 차가 눈앞에 다가와 있다.

Green Tea Field 정금차밭

Jade Lee 잣드리

#커피 대신 차
'커피 드릴까요? 차 드릴까요?' 하동 사람을 만나면 이런 질문을 받을 수 없다. 자연스레 차가 눈앞에 다가와 있다. 집집마다 내려오는 방법으로 차를 재배하고, 만들어 방문하는 사람들에게 차를 내어주는 하동 사람들. 똑같은 차 맛이 아닌 그 집안의 풍습과 차를 내어주는 사람의 마음을 차 한 모금에 느낄 수 있는 곳이 하동이다. 하동의 차는 저마다의 맛과 향, 마음이 있어 더욱 매력적으로 다가온다. 이처럼 음료를 넘어 차 문화를 경험할 수 있는 하동은 차 호핑을 즐기기에 더할 나위 없다.

#차는 하동에서!
하동은 2020년 기준 1,060여 농가가 차 재배를 하고 있는 한국 차의 중심지이다. 차 재배면적은 전국 대비 26%로 농가 수도 약 40%에 달한다. 특히 하동 화개면은 2006년 녹차산업특구로 지정되면서 하동 차의 우수성을 인정받게 되었다. 하동 차는 오래전부터 내려오는 덖음 기술을 활용해 타지역의 녹차와 차별화를 추구하면서 화개에는 차와 연관된 국보, 유형문화재, 기념물 등 유물, 유적 등이 있어 역사성도 함께 가지게 되었다. 이 외에도 지리산 자락에 위치한 야생차박물관, 녹차에 관한 연구개발을 위해 지어진 하동녹차연구소 등 하동 녹차의 대중화와 발전을 위해 많은 노력을 기울이고 있다.

#1,200여 년의 역사를 이어온 차
하동의 차 역사는 신라 시대로 거슬러 올라간다. 신라 흥덕왕 3년 당나라에서 돌아온 사신 김대렴이 차 종자를 가지고 오자 왕이 지리산에 심게 했으며, 차는 선덕여왕 때부터 있었지만 이때에 이르러 성하였다고 삼국사기에 기록되어 있다. 이처럼 하동의 차는 1,200여 년의 역사를 이어오며 하동의 삶 일부분이 되어 왔다. 하동의 주요 차 재배 지역은 섬진강과 섬진강의 지류인 화개천에 인접해 있어 안개가 많고 다습하며, 차 생산 시기에는 밤낮의 기온차가 커 차나무 재배의 최적 환경을 갖추고 있다. 토양 또한 약산성으로 수분이 충분해 차나무 생육에 좋은 토질을 갖추고 있다. 이러한 지리적 요인과 하동의 차를 이어오고자 하는 사람들의 마음이 합쳐져 이제는 우리나라를 넘어 세계인들에게 사랑받는 차로 도약하고 있다.

Hyaelim Farm 혜림농원

Jang Kyoungmi
Yang Younggyu

장경미 / 양영규

양장점 대표

양장점
010-7330-1265
yangjang.kr
@yangjang.salon

양장점 소개 부탁드립니다.
도시를 떠나 새로운 삶을 시작한 판화를 하고 그림 그리는 것을 좋아하는 양이와 차와 시를 사랑하는 장이가 만들어가는 브랜드입니다.

하동 차의 매력은?
차가 매개체로 있다 보니 집에 초대를 잘해주세요. '차 한잔하고 가'라는 말이 일상이죠. 도시에서는 친하지 않으면 초대를 잘 하지 않는데 이곳은 친해지는 과정에 찻자리가 포함이 돼요. 이야기를 나누고 관계를 만들어가는 과정 속에 차가 빠지지 않는 게 하동 차의 매력이자 사람의 매력인 거 같아요.

시차적응, 녹녹다방 등 여러 찻자리 프로그램이 있던데 설명 부탁드립니다.
시차적응은 시와 차를 매개로 삶을 이야기하면서 다양한 종류의 차를 대접한다면 녹녹다방은 차를 우리는 행위와 차 그 자체에 푹 빠져봄으로 '녹차'에 집중한 프로그램입니다. 나조차는 나와 차가 좋아지는 시간이라 해서 나와 차를 동일시해 나의 이야기를 해보는 프로그램입니다.

찻자리를 통해 사람들이 어떤 걸 느끼셨으면 좋겠나요?
차를 소개하고 맛과 향을 즐기는 개념도 있지만, 찻자리 프로그램을 통해 나를 들여다보고 나와 함께하는 내 사람을 들여다볼 수 있는 시간을 찻자리를 통해 가져봤으면 좋겠습니다. 제가 찻자리 프로그램을 하는 이유이기도 하고요. 찻자리를 통해 내면의 소리에 귀기울여보고 서로에게 말하지 못한 걸 얘기하는 게 차가 주는 큰 의미라고 생각합니다. 차라는 매개체를 통해 위로가 되고, 힘이 되었으면 좋겠습니다. 그래서 하동을 방문할 때 차랑 좀 더 가까워질 마음을 가지고 오셨으면 좋겠어요. 하루를 머물던 한 달을 머물던 차를 마시면서 나를 알아가는 시간은 꼭 놓치지 마셨으면 해요. 다원을 방문해 보면 다들 따뜻하게 맞이해 주시거든요. 그런 힐링의 시간이 하동의 자연과도 너무 잘 어울리잖아요.

차 말고도 여행객들이 하동에 와서 경험해 봤으면 하는 것이 있나요?
걷기. 걷기가 정말 좋은 거 같아요. 송림공원 걷기라던가 평사리들판, 회남재로 걷기 등 하동은 걷기 좋은 곳이 정말 많아요. 걸으면서 냄새를 맡고, 바스락거리는 소리도 듣는다면 저희가 이곳에서 치유됐던 마음처럼 오시는 분들에게도 마음의 치유가 될 거라고 생각이 들어요. 지리산이 있고, 섬진강이 흐르고 자연이 우리를 포근하게 감싸는 그런 느낌을 꼭 받아 가셨으면 좋겠습니다. 머리를 비우고 감각을 온전히 열고 하동에 내맡기는 여행을 하시길 바랍니다. 그리고 평사리들판 모내기할 때 구재봉 활공장에 올라가서 보는 일몰도 정말 아름다워요. 평사리들판에 물이 차 있는데 빨갛게, 때론 노랗게 논에 그 모습이 다 비치거든요. 시기가 맞는다면 일몰도 꼭 보시길 바랍니다.

Jung Soam

정소암

찻잎마술 대표

소개 부탁드립니다.
500여 년 조상 대대로 화개에서 삶을 이어오고, 저 또한 화개에서 삶을 이어가고 있습니다. 차나무에서 파생되는 찻잎, 차꽃, 차씨를 활용해 음식을 만들어 사람들에게 대접하는 찻잎마술을 운영하면서 차에 대해 꾸준히 연구하고, 보존하고, 발전시키기 위해 노력하고 있습니다.

찻잎마술에서 식사 후 차를 내어주는 이유가 있으신가요?
과거에는 화개의 어느 민가나 들어가면 차를 내어줬어요. 70% 이상이 자신이 먹을 차라도 직접 만들었거든요. 오시는 손님들에게 한 줌씩 나눠주기도 했고요. 이런 정과 문화가 내려오면서 하동의 다담 문화도 생겨난 것 같아요. 그 마음을 이어나가고 싶어 식사 후 차를 내어주는 이유도 있고, 우리 집에서 차를 안 주면 커피를 마시러 갈 거라고도 생각했습니다. 이곳에서라도 차를 쉽게 마실 수 있다는 걸 보여주고 싶었죠. 또 하동만의 정도 있고요. 오시는 분들에 따라 백차, 홍차, 황차, 녹차뿐만 아니라 돼지감자차, 겨우살이차 등을 내어드리고 있어요. 이 공간에서 조금 더 차와 가까워지는 시간이 되었으면 하는 바람입니다.

커피의 경우도 바리스타에 따라 맛이 달라지는데 차도 그런가요?
차도 물에 따라, 물의 온도에 따라, 또 우려 주는 사람의 성격에 따라 달라집니다. 그래서 하동, 화개에서 차를 마시는 재미도 있는 거죠.

차도 종류가 여러 가지인데 어느 시간에 마시면 좋나요?
제 나름 분류를 했는데 백차는 아침에 마시면 좋고, 홍차는 카페인이 많아 오후에 마시면 좋습니다. 녹차는 아침 식후에 마시면 좋고요. 청차는 저녁을 먹은 후 뜨겁게 마시면 좋습니다. 그날 피로가 날아가거든요.

차가 아직은 커피보다 다가가기 어려운 부분이 있는 것 같습니다.
우리 차도 커피를 마시는 거처럼 거리에 다니면서 마실 수 있습니다. 일본, 중국, 대만, 말레이시아 등을 가면 차를 많이 들고 다니면서 마셔요. 티백 문화도 많이 발전되어 있고요. 우리나라 사람들도 좀 더 우리 차를 쉽게 생각하고 마셔주셨으면 좋겠습니다. 그래서 이 공간에서도 다례를 할 때 정식 다례보다는 생활 다례를 보여드려요. 차를 마시는 건 복잡한 것이 아니라는 걸 제가 보여드리고 싶은 마음도 있고요. 차는 전혀 어렵지 않고 쉽게 먹을 수 있거든요. 하동에 오셔서 그 매력을 한 번 느껴보셨으면 좋겠습니다.

하동, 화개를 찾는 사람들에게 해주고 싶은 이야기가 있으신가요?
관광의 의미보다는 힐링에 초점을 맞추셨으면 좋겠어요. 카페를 가고 맛있는 음식을 먹는 것도 중요하지만, 차나무 아래에서 음악도 듣고, 책도 읽고 충분히 화개를 누리다가 가셨으면 좋겠습니다. 화개에는 화개다움이 존재하거든요. 집집마다 방문해 차를 마셔도 보고, 마을도 걷고, 눈으로 보고만 가지 마시고, 마음으로 느끼고 가시길 바랍니다.

찻잎마술
경남 하동군 화개면 화개로 519
055-883-3316

어떤 도시든 그 도시의 매력을 하나로
표현하기는 쉽지 않지만, 하동의 매력을
꼽으라면 단연 느림의 미학이 아닐까.

PREVIEW

RUSTIC LIFE, HADONG

러스틱 라이프, 하동

푸른 하늘, 맑은 공기, 걷다 보면 펼쳐지는 산과 나무, 바람 그리고 인심 가득한 사람들. 이 모든 것이 한데 어우러진 하동. 어떤 도시든 그 도시의 매력을 하나로 표현하기는 쉽지 않지만, 하동의 매력을 꼽으라면 단연 느림의 미학이 아닐까. 복잡한 도심에서 벗어나 사람들이 하나둘 이곳으로 모여드는 이유도 그 연장선상에 있을 것이다.

Almost Home Stay in Hadong 올모스트홈 스테이

#귀농 귀촌의 성지

2021년 하동 귀농귀촌 현황 보고에 따르면 총 892세대가 농촌에 안착해 새로운 인생을 설계하고 있다. 하동군은 귀농 귀촌을 희망하는 도시민에게 농촌에서 살아보기 프로그램 등 하동에 완전히 정착하기 전 체험할 수 있는 기회를 제공하고 있다. 화개면에 있는 의신 베어빌리지의 경우도 귀촌형 프로그램을 진행하고, 악양면의 귀촌 성지로 알려진 노전마을, 매계마을 또한 귀농 귀촌을 준비하는 사람들을 두 팔 벌려 환영한다. 이제 하동은 새로운 세대, 지켜가야 할 문화를 합쳐 새로운 시대를 만들어 가는 중이다.

Pansori Experience Center 판소리 체험관

Build A New Community

하동은 고유의 문화를 잃지 않으면서 자기만의 개성을 입혀 새로운 공동체를 받아들이고, 함께 만들어가고 있다.

Staygohare555 스테이고하리555

Hadeok Village Alley Gallery 하덕마을 골목길 갤러리

#사바이 사바이 สบาย สบาย

하동 하면 떠오르는 곳이 있다. 바로 태국의 치앙마이. 치앙마이의 푸릇푸릇한 풀들과 나무, 천천히 움직이는 사람들이 하동의 편안한 느낌과 맞아떨어진다. 풍경뿐만 아니라 태국 사람들이 일상적으로 사용하는 단어 편안한, 행복한, 천천히라는 뜻을 가진 '사바이'도 하동의 라이프 스타일과 잘 어울린다. 이처럼 하동은 전남 담양군 창평면, 장흥군, 장평면, 완도군 청산도, 신안군 증도를 이어 2009년 2월 이탈리아의 감파나아주 카이아죠시에서 열린 슬로시티 국제조정이사회에서 하동군 악양면이 단독으로 상정되어 우리나라 5번째, 세계 111번째 슬로시티로 가입되었다. 2019년 12월에는 하동 전역으로 확대되면서 느림의 여유를 느낄 수 있는 곳으로 인정받게 되었다.

#5도2촌

재택이나 원격근무가 늘어나면서 사람들이 휴가지, 한적한 시골에서 업무를 하는 일(Work)과 휴가(Vacation)의 합성어인 워케이션이 주목받고 있다. 특히 높은 빌딩, 얽히고설킨 자동차와 사람들에서 벗어나 한적한 자연 속에서 시골 특유의 소박한 삶을 갈망하는 러스틱 라이프가 인기를 끌면서 5일은 도시에서 일하고 2일은 시골에서 휴식을 취하는 5도2촌을 지향하는 사람이 늘어나고 있다. 하동은 그런 면에서 모든 조건을 갖추고 있다. 시골 특유의 소박한 삶과 자연, 그리고 자연 안에 있는 숙소들. 자연뿐만 아니라 그동안 경험해보지 못했던 이곳만의 특별한 문화를 만나게 된다.

Choi Junho

최준호

고하 버거앤카페 대표

고하 버거앤카페
경남 하동군 고전면 하동읍성로 571
010-7348-0555

하동에 어떻게 내려오게 되셨나요?
이곳저곳에서 장사를 하며 살아가던 중 이제는 한곳에서 정착하며 살아가려고 하동에 연고는 없지만, 하동이란 곳에 정착하게 되었습니다. 지금은 타지역에 살던 청년 친구들을 모집해 이곳에서 일도 하고, 함께 지내고 있습니다.

하동에 내려오길 잘했다고 느끼실 때는 언제인가요?
매일 아침 출근할 때 마시는 맑은 공기, 밤에 보는 수많은 별들, 그리고 쉬는 날이면 강과 바다, 산 어디든 30분 안에 갈 수 있다는 게 너무 좋습니다. 청정한 자연 외에도 이곳에서 새로운 꿈을 꾸고 도전할 수 있다는 것이 큰 기쁨입니다.

정착하기에 어려움은 없었나요?
처음에는 마을 분들과의 관계를 형성하는 일이 쉽지만은 않았습니다. 그래서 시간이 될 때마다 마을 청소를 하고, 마을에 사는 동네 주민 집에 고장 난 물건이 있으면 고치러 다니기도 했습니다.
그리고 타지에서 함께 내려온 친구들과의 이해관계를 풀어가는 일도 쉽지만은 않았지만, 지금은 서로의 다른 점을 이해하고, 부족한 부분을 채워주며 행복하게 살아가고 있습니다.

하동의 매력은?
뒤로는 지리산 자락과 아름다운 섬진강을 주위에 두고 있고, 남해와도 15분이면 갈 수 있다는 점이 하동의 매력인 것 같습니다. 그리고 조용하고 교통 체증이 없다는 것! 도시에서는 가질 수 없는 여유가 있죠. 또한, 아직은 다른 도시에 비해 부족한 부분이 많지만 그런 하동이기에 더 많은 도전을 할 수 있는 기회의 땅이 될 수 있다는 게 하동이 가진 매력이자 힘인 것 같습니다.

귀촌, 한 달 살기 등 하동에서 머물고, 정착하고 싶어 하는 분들에게 하고 싶은 말이 있으시다면?
귀촌이라는 것이 조용하고 행복하고 여유로울 거라는 막연한 기대를 가지고 이곳에 오시려는 분들이 있으실 거라고 생각합니다. 하동뿐만 아니라 자기가 살던 곳에서 떠나오면 가끔은 외롭고, 다른 곳에 비해 인프라가 부족해 문화생활의 한계를 느낄 수도 있습니다. 하지만 우리 삶이 지치고 힘들다면 한 달 살이가 됐던 단순히 하동을 여행하던 도전을 해보시길 바랍니다. 머리로만 생각하다 보면 아무것도 알 수 없기에 체험해보고 귀촌의 장단점을 느껴보시길 권합니다. 혼자서 막연히 떠나는 것이 두렵다면 저희 마을에 오셔서 함께 살아보며 경험해 보시길 바랍니다. 하동에 머물고 싶은데 고민이 된다면 언제든 편하게 연락 주세요.

위의 질문 외에 하고 싶으신 말씀 있으신가요?
사람이 산다는 것은 크게 다르지 않다는 생각이 듭니다. 먹고, 자고, 일하고. 아무리 화려한 도시라도 누군가에겐 한없이 부족하고 힘든 삶일 것이고, 누군가에게는 시골이라도 부족함이 주는 풍요로움이 있을 수 있습니다. 주변을 탓하지 말고 내가 살아가야 하는 길이 어디인지 찾아가는 것이 인생의 과제라는 생각이 듭니다. 그래서 우리는 오늘도 열심히 살아가는 게 아닐까요?

Nolluwa Coop
놀루와 협동조합

소개 부탁드립니다.
지역 주민과 청년들이 여행자를 위한 여행이 아닌 주민을 위한 여행업을 함께 만들어가는 공정여행 놀루와 협동조합입니다. 여행자 유치뿐만 아니라, 지역 주민의 지속 가능한 삶을 함께 이어가기 위해 노력하고 있습니다.

어떤 프로그램이 있나요?
지역의 숨은 매력을 재발견해 여행자와 주민 모두 만족할 수 있는 공정여행으로 프로그램을 만들고 있습니다. 차를 만드는 사람과 함께 그들이 가꾼 차밭, 차실에서 이야기를 나누고, 차를 마실 수 있는 다담 in 다실과 매월 보름달이 뜨는 날 섬진강 백사장에서 시간을 보낼 수 있는 섬진강 달마중 등 하동의 자연과 사람들을 잘 느끼실 수 있는 프로그램이 대표적이죠. 이 외에도 마을호텔을 만들기 위해 노력하고 있습니다. 여행에서 가장 중요한 부분이 머무를 수 있는 숙박인데 그 부분이 아직 부족하다고 생각했고, 마을 소멸을 막기 위해선 청년, 어르신, 여행자들이 함께 할 수 있는 일이 필요하다고 생각했습니다.

프로그램 중 이것만큼은 꼭 경험했으면 하는 게 있을까요?
섬진강 달마중이라고 저희 놀루와에서 진행하는 프로그램이 있습니다. 달마중 프로그램 아래 특별한 걸 하지는 않아요. 섬진강변 모래사장에서 2시간 동안 머무르는데 의미가 있어요. 사람들이 보통 여행을 오면 사진을 찍고 바로 가시잖아요. 그렇게 되면 하동 섬진강에 대한 느낌을 받을 수 없습니다. 저희 프로그램을 통해 2시간 동안 머무르면서 섬진강을 보는 시선, 느낌을 달리 가질 수 있게 하는 게 이 프로그램이 의미 있는 이유죠.

저희 프로그램뿐만 아니라 여행자들이 하동에 대해 제대로 꼭꼭 씹어 먹었으면 좋겠어요. 저희 모든 프로그램 기획 의도에도 항상 머무름이 들어가는 이유도 거기에 있습니다.

귀농귀촌하시고 싶은 분들에게 하동을 추천하시나요? 어려움은 없으신가요?
청년들이 시골에 들어와서 사는 게 쉽지는 않아요. 살 수 있는 곳도 있어야 하고, 돈을 벌 수 있는 직장도 있어야 하는데 자기의 전공 분야를 살려 회사에 들어갈 수 있는 곳들이 없습니다. 그런 정착할 수 있는 곳이 갖춰져야 한다고 생각을 해요. 저희 회사가 또 그런 역할을 할 수 있다고 생각하고요. 저희 놀루와에는 하동이 연고지가 아닌 청년 직원 3명 있거든요. 저희 청년 직원들이 마음을 맞춰 모임을 하고, 커뮤니티를 만들어 가고 있습니다. 커뮤니티가 만들어져서 연결이 되어야 청년들이 좀 더 쉽게 들어올 수 있을 거라고 생각합니다. 또한, 청년들이 자리를 잡을 수 있게 지역에서 많이 힘써주셨으면 좋겠습니다.

하동에 여행 왔을 때 꼭 했으면 하는 게 있나요?
마을 여행을 하셨으면 좋겠어요. 하동은 마을마다 저마다의 매력과 정을 가지고 있거든요. 1박 2일이든 2박 3일이든, 짧은 여행이든, 긴 여행이든 하동에 오셔서 사람 냄새를 맡고, 땅 냄새를 맡고 가셨으면 좋겠습니다. 하동스러움, 하동다운 것을 경험하고, 체험하고 가신다면 하동이 오래도록 기억에 남으실 거라고 생각합니다.

놀루와 협동조합
경남 하동군 악양면 악양동로 176
055-883-6544

WHERE YOU'RE GOING

HWAGAE

화개 일대

섬진강, 화개 십리벚꽃길, 차밭, 지리산 등 하동의 자연이 모여 있는 지역. 화개천을 따라 올라가면 카페, 식당 등이 많으며, 터미널도 있어 접근성도 좋다.

AGYANG

악양 일대

문학과 예술의 공간이 모여 있는 지역. 최참판댁, 하덕마을 섬등 골목길, 박경리 문학관 등 문화, 역사, 예술적으로 볼거리가 많으며, 평사리들판을 따라 드라이브하기에도 좋다.

하동 지역 한눈에 살펴보기

자연이 주는 아름다움을 간직하고, 지켜나가는 하동. 이런 하동을 즐길 방법은 무궁무진하다. 차밭 속에서 즐기는 찻자리와 문화, 예술, 역사가 숨 쉬는 공간, 그리고 감성적인 한옥 숙소까지. 자신의 여행 취향에 맞게 일정을 계획해 보자.

CHEONGAM
청암 일대

청학동이 자리한 청암면은 하동호를 따라 드라이브하기에 좋다. 하동호를 지나면 SNS에서 핫한 삼성궁에 도달한다. 삼성궁 구경 후 청학동에서 맛볼 수 있는 대통밥까지 먹어보자.

HADONG-EUP & SOUTH
하동읍 & 남부

하동 남쪽에 자리한 지역. 화개와 악양보다 관광지가 많지는 않지만, 찾아보면 곳곳에 트렌디한 공간들이 숨어 있다.

Tip. 하동 여행 일정 짜기

하동은 생각보다 넓고, 지리산을 끼고 있어 전역을 한 번에 둘러보기가 쉽지 않다. 화개의 스폿과 악양 일대 스폿, 청암, 남부 지역 등 인접해 있는 곳들을 묶어 일정 짜는 것을 추천한다.

SPECIAL PLACES

초록빛 물결이 일렁이는 하동의 차밭과 그 차를 활용한 음료를
맛볼 수 있는 찻집. 각자 개성 있는 맛과 향으로 여행자들의
마음을 훔쳐 갈 곳들을 소개한다.

01
TEA PLACE : 차향 가득한 티 플레이스

SPECIAL PLACES

TEA PLACE
차향 가득한 티 플레이스

1,200여 년의 야생차 역사를 간직한 쌉싸름한 향기의 근원, 하동.

오랜 시간 하동과 함께한 차. 신라 흥덕왕 3년 왕명으로 지리산에 차 종자를 최초로 심으면서 지금까지 그 명맥을 이어 오고 있다. 밤낮의 기온 차가 커 차나무 재배에 최적의 환경을 갖추고 있어 다른 지역보다 맛과 향, 품질이 우수한 하동의 차. 이제 눈과 코, 입을 쌉싸름한 향으로 채워줄 하동 차의 매력에 빠져 보자.

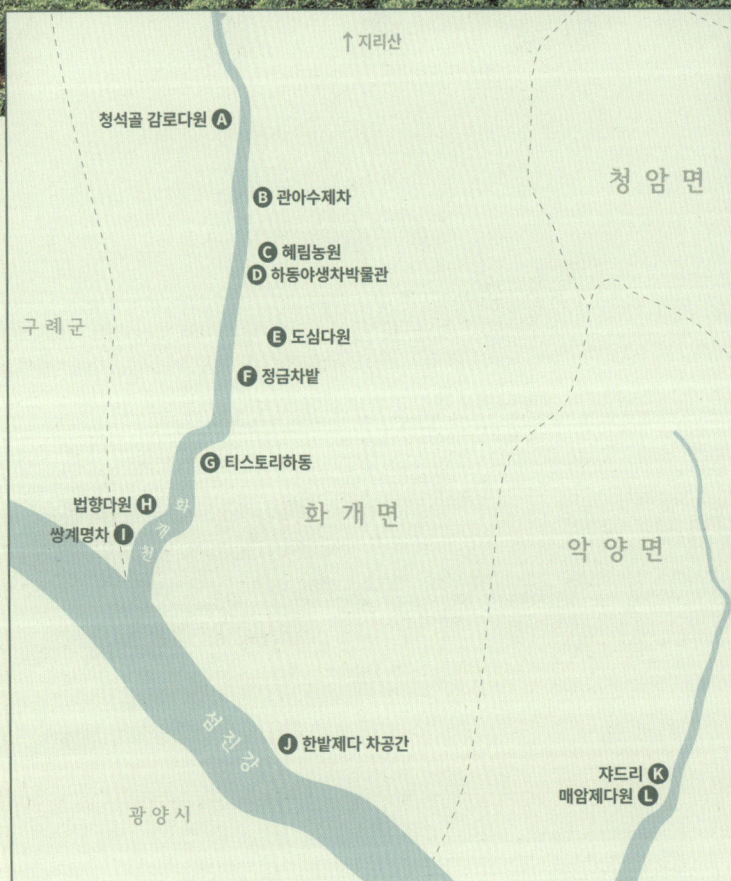

하동 전체 지도

차밭 with 찻자리
- Ⓐ 청석골 감로다원
- Ⓑ 관아수제차
- Ⓒ 혜림농원
- Ⓙ 한밭제다 차공간
- Ⓚ 쟈드리

차밭 with 티 카페
- Ⓔ 도심다원
- Ⓖ 티스토리하동
- Ⓗ 법향다원
- Ⓘ 쌍계명차
- Ⓛ 매암제다원

Plus
- Ⓓ 하동야생차박물관
- Ⓕ 정금차밭

하동 차밭 : 차밭 대부분이 화개에 있으며, 악양에도 몇 곳이 있다. 하동은 녹차 재배에 유리한 기후조건과 토질을 갖추고 있어 많은 농가에서 차를 재배하고 있으며, 생산부터 판매까지 하는 곳이 많다.

하동 차 이야기

하동은 오래전부터 '덖음' 기술을 활용해 차를 생산했다.
덖음은 차를 만들 때 차의 맛과 향을 결정하는 중요한 과정 중 하나로, 고온에서 큰 솥에 찻잎을 덖는다.
이러한 전통이 계속해서 내려오면서 하동의 차는 전통성과 하동의 고유성, 특별함을 가지게 되었다.

Tip. 6대 다류

차의 종류가 다양하지만, 발효 정도와 발효 방법에 따라 크게 6가지 형태로 나뉜다.

녹차 (비발효)
생엽에 높은 열을 가하거나 증기로 찌는 살청을 통해 폴리페놀 산화효소의 활동을 멈추게 해 발효가 되지 않아 녹색을 띤다. 투명한 푸른빛과 싱그러운 맛을 낸다.

백차 (미발효)
색이 맑고 본연의 맛이 살아있는 차로 6대 다류 중 가공을 가장 적게 했다. 대백, 수선백 등 소백이라 불리는 싹이 희고 솜털이 많은 차나무로 만들어진 차이다.

황차 (후발효)
녹차의 가공법에 종이나 천으로 찻잎을 감싸 습도와 온도에 의해 약하게 발효시키는 과정을 거친 차. 황색을 띠며 맛과 향이 맑고 부드럽다.

청차 (부분발효)
우롱차라 불리는 청차는 가공 후 찻잎이 청갈색을 띠어 청차라 불린다. 꽃향기와 달콤한 과일 향이 나는 차로 맛이 깊은 것이 특징이다.

홍차 (강발효)
찻잎을 85~100% 완전히 발효시킨 상태에서 건조하는 홍차. 찻잎이 발효되면서 붉은빛을 띠며, 서양에서는 말린 찻잎이 검은빛을 띠어 black tea라 부른다.

흑차 (강후발효)
미생물에 의해 발효가 진행되는 후발효차. 잎의 색이 흑색 또는 흑갈색을 띤다. 순하고 부드러우며 오래될수록 향과 맛이 깊어진다.

Tip. 찻잎 수확 시기에 따른 명칭

다원마다 차를 수확하는 시기가 조금씩 차이는 있다.

· **우전차** : 곡우 (4월 20일경) 전의 어린잎으로 우린 차. 부드럽고 향이 강하다.
· **세작 (여린차)** : 곡우에서 입하 (5월 5일경) 전까지 딴 찻잎으로 우린 차로 맛과 향이 좋다.
· **중작 (보통차)** : 입하 이후 10일 정도 지나 세작보다 잎이 더 자란 후에 딴 차.
· **대작 (왕작)** : 5월 하순 이전까지 중작보다 더 굵은 잎을 따서 만든 거친 차.
· **말작 (막차)** : 1번 차의 끝물로 새 줄기가 굳기 전까지 수확하여 엽차용으로 만든 차.

Tip. 계절에 따른 명칭

계절에 따라 봄, 여름, 가을차로 구분하기도 한다.

봄차
· **첫물차** : 곡우 (4월 20일경)에서 5월 상순 사이 채엽한 차로 차 맛이 부드럽고 감칠맛과 향이 뛰어나다.

여름차
· **두물차** : 양력 6월 중순에서 6월 하순 사이에 채엽한 차로 차 맛이 강하다.
· **세물차** : 8월 상순에서 8월 중순 사이 채엽한 차로 차의 떫은맛이 강하다.

가을차
· **네물차** : 9월 하순에서 10월 상순 사이에 채엽한 차로 섬유질이 많아 거칠다.

Plus. 2023 하동세계차엑스포

대한민국 최초로 개최되는 차 엑스포가 하동에서 2023년 열린다. 자연의 향기, 건강한 미래, 차를 주제로 하동스포츠파크와 하동야생차문화축제장을 비롯해 경남 일원에서 행사가 진행되며, 하동의 여러 차를 만나볼 수 있다.

2023.05.04 ~ 06.03 | 하동군 및 경남 일원

청석골 감로다원

화개의 끝 쪽에 자리한 청석골 감로다원은 4대째 전통 수제차의 명맥을 이어오고 있다. 지리산 700m 고지에서 자란 차를 따 정성스레 만들어 사람들에게 선보이는 청석골 감로다원의 황인수 대표는 대한민국 식품명인 제91호로 지정되었으며, 이곳의 작설차는 집안 대대로 제조 방법을 전승 받아 전통 작설차의 명맥을 이어가고 있다. 전통 무쇠 가마 수제 덖음 법으로 9번의 덖음과 건조 과정을 거쳐 제조하며, 동의보감에 나오는 작설차의 단맛을 그대로 구현했다. 청석골 감로다원의 차들은 인기가 많아 보통 두 달 전 마감이 되니 맛보고 싶다면 미리 예약을 하도록 하자.

Ⓐ 경남 하동군 화개면 모암길 44-1   Ⓣ 055-883-1847
Ⓘ @isuyeongim   Ⓜ Map → 2-T10

혜림농원

지리산 속에 자리한 다원으로 지리산과 차밭, 쌍계사의 풍경을 보며 숲속 프라이빗 찻자리를 즐길 수 있다. 예약제로 진행되며, 비가 오거나 추운 날씨에는 찻자리를 가질 수 없으니 꼭 문의 후 예약을 하자. 오후 5시 이후 찻자리를 가지면 6시에 쌍계사에서 울리는 범종도 들을 수 있다. 낭만과 감성을 모두 잡고 싶다면 이곳을 방문해 볼 바란다. 찻자리는 약 1시간 반 정도 소요된다. 찻자리에서 마신 차의 경우 혜림농원에서 만든 차로 구매도 가능하다.

Ⓐ 경남 하동군 화개면 차시배지길 12-18
Ⓣ 055-884-4711   Ⓗ 예약제
Ⓤ hyaelimfarm.com   Ⓘ @hyaelim__tea
Ⓜ Map → 2-T6

하동야생차박물관

한국 차의 시배지인 화개에서 차 문화의 역사성을 보전하기 위해 세워진 박물관. 내부에는 차의 성장 과정과 효능 등을 알아볼 수 있는 전시관, 하동 차의 이야기를 만화로 풀어낸 왕의 차 하동 차 전시관 등이 있다. 하동의 차밭에서 직접 찻잎을 딸 수 있는 체험과 다례 체험 등도 경험할 수 있다. 문화 체험 현장으로 아이들과 함께 방문해 하동의 차에 관해 공부하는 시간을 가져보길 바란다.

Ⓐ 경남 하동군 화개면 쌍계로 571-25
Ⓣ 055-880-2956
Ⓗ 화-일 하절기 3월-10월 09:00-18:00, 동절기 11월-2월 09:00-17:00 (월요일, 1월 1일, 설날, 추석 당일 휴무)
Ⓤ hadongteamuseum.org
Ⓜ Map → 2-T1

☕ 관아수제차

화개를 따라 계속 올라가다 보면 만날 수 있는 관아수제차. 티코스를 예약하고 방문하면 관아수제차에서 직접 만든 차와 함께 어울리는 다식이 준비된다. 녹차, 홍차, 백차, 봄이라고 불리는 녹차 에스프레소까지 그 계절, 사람에 따라 다른 차가 주어진다. 다양한 종류의 차를 맛볼 수 있어 이곳이 매력적이지만, 주인장과의 대화를 통해 마음에 있던 응어리를 풀 수 있는 시간 또한 이곳이 사랑받는 이유가 아닐까. 차와 함께 마음의 여유를 느끼고 싶다면 이곳을 추천한다.

> **Plus. 우티 아티** P.085
> 관아수제차에서 운영하는 독채 숙소. 관아수제차에서 걸어서 약 2분 거리에 있으며, 2박 이상으로만 예약이 가능하다.
> Ⓐ 경남 하동군 화개면 목암길 34-3　Ⓜ Map → 2-H4

> Ⓐ 경남 하동군 화개면 목암길 24-2
> Ⓣ 010-5334-7785　Ⓗ 예약제
> Ⓘ @gwana_tea_harmony　Ⓟ 티 코스 20,000원
> Ⓜ Map → 2-T7

> Ⓐ 경남 하동군 화개면 정금리 525
> Ⓣ 010-8526-0070　Ⓗ 매일 10:00-18:00
> Ⓟ 차 바구니 세트 대여 (2인 기준) 20,000원, 녹차 우전 + 발효차 잭살 7,000원
> Ⓘ @dosimdawon_official　Ⓜ Map → 2-T2

☕ 도심다원

다원 내에서 생산되는 찻잎만을 사용해 차를 만드는 곳. 도심다원은 경상남도 기념물 제264호 우리나라 최고차나무(천년차나무)가 위치해 있다. 7대째 차 농사를 짓고 있으며, 도심마을 천년차나무 후계목 군락지를 조성해 보존하고 있다. 계단처럼 켜켜이 쌓인 차밭에서 차를 즐길 수 있어 연인과 함께 하동을 방문하면 꼭 가야 하는 핫플레이스로도 떠오르고 있다. 차밭에서 사랑하는 이와 푸릇한 시간을 보내보자.

> **Tip.**
> 도심다원은 내부에서도 차를 마실 수 있지만, 야외 정자를 1시간 대여할 수도 있다. 연인, 친구와 함께 차밭을 배경으로 인생 사진을 남길 수 있어 이곳을 방문한다면 꼭 정자를 예약하자. 주말에는 예약이 보통 꽉 차 있기 때문에 미리 예약해야 한다.

Kim Jungok

김정옥
관아수제차 대표

관아수제차 소개 부탁드립니다.
야생차밭에서 3대째 차 농사를 짓고 있습니다. 차를 직접 기르고, 가공하고, 손님들에게 선보이는 것까지 1차 산업부터 3차 산업까지 모든 과정을 하고 있습니다.

차 공간은 예약제로 운영이 되나요?
앞으로는 예약제로 운영을 하려고 해요. 제가 차를 이렇게 내어주는 걸 많은 사람에게 동시에 해드릴 수 없으니까요. 차 농사를 어떻게 짓고, 또 어떤 삶을 살아가는지 서로 속마음을 이야기하는 시간이 될 수 있는 게 찻자리의 매력이거든요. 그런 매력을 이곳에 와서 느끼려면 예약제로 운영되어야 할 것 같아요.

이곳이 어떤 공간이 되었으면 좋겠나요?
차를 한 번 더 생각할 수 있는 시발점이 될 수 있는 공간이 되었으면 해요. 저희가 숙박을 함께 운영하는데 그 이유도 이곳에 머무르면서 차 문화를 좀 더 느끼다 가셨으면 하는 마음으로 하는 거예요. 다숙이라고 하죠. 차와 숙소가 함께 하는 공간. 주인장과 교감하면서 쉼뿐만 아니라 하동의 차 문화, 사람을 경험해 보고 갈 수 있는 공간이 되길 바라요. 가보지 않은 곳에 대한 두려움이 있듯이 차도 마셔보지 않으면 모르고, 두려움이 있을 거라고 생각하는데 그 두려움을 여기서 깰 수 있다면 더할 나위 없이 좋을 것 같습니다.

차를 잘 즐길 수 있는 방법이 있을까요?
계속 마셔보는 수밖에 없는 것 같아요. 마시고, 관심이 생겨야 차를 보는 안목도 생기거든요. 차를 아무 생각 없이 마시는 거와 궁금증을 가지고 한 모금이라도 마시는 것은 정말 차이가 나거든요. 차를 모르더라도 궁금증을 가지고 마신다면 흥미가 생기고, 또 그렇게 자신이 좋아하는 차 맛을 찾아가지 않을까 생각해요. 자기가 좋아하는 차를 마시는 게 가장 차를 잘 즐기는 방법이지 않을까요?

하동을 방문하는 사람들에게 하고 싶은 말이 있으시다면?
말 그대로 널브러져서 쉬다 가셨으면 좋겠어요. 우리나라 패키지 문화가 잘 되어 있다 보니 많은 곳을 보고, 찍는 인증샷에 너무 치우쳐지는 여행을 하는 것 같아요. 하동은 사실 천천히 쉬면서, 걸으면서, 마시면서 느껴야 하는 곳이거든요. 여기서 조금만 걸어가면 쌍계사가 나오고, 또 저희 차밭까지 가는 길이 예뻐요. 서산대사 길도요. 그런 길 하나하나 걸어보고, 자연을 느끼다 가셨으면 좋겠어요. 또 집집마다 김치 맛이 다르듯이 차 맛도 다원마다, 내려주는 사람마다 다 달라요. 내 입맛에 맞는 차를 하동에서 찾아보는 시간도 함께 가지신다면 하동의 여행이 기억에 남는 여행이 되지 않을까 생각해요.

" 주인장과 교감하면서 쉼뿐만 아니라 하동의 차 문화, 사람을 경험해 보고 갈 수 있는 공간이 되길 바라요. "

관아수제차
경남 하동군 화개면 목압길 24-2
010-5334-7785

Gu Haejin

구해진
혜림농원 대표

혜림농원
경남 하동군 화개면 차시배지길 12-18
055-884-4711

> 새들이 지저귀는 소리, 바람에 나무가 흔들리는 소리, 쌍계사에서 울리는 종소리까지. 이곳에서는 자연의 소리만 들려요.

소개 부탁드립니다.
지리산 속에 자리한 차밭과 차 한잔에 자연을 담아드리는 치유의 숲속 찻자리를 운영하고 있습니다.

야외에서 찻자리를 하는 이유가 있으신가요?
차는 자연에서 채취한 거잖아요. 자연에서 채취한 걸 자연 속에서 마시면 더 많은 만족감을 얻으실 거라는 생각이 들었습니다. 그래서 실내 찻자리를 없애고, 야외 찻자리를 하고 있습니다.

차의 매력은?
차는 눈으로 보는 재미도 있고, 코로 향기를 맡는 것도 있고, 물 끓는 소리, 차 따르는 소리 등 오감을 만족하게 하는 게 차거든요. 그게 차의 매력이라고 생각합니다. 차의 매력을 많은 분이 아셨으면 좋겠습니다. 그래서 오시는 분들에게 커피 드립처럼 차를 드립해서 드리는 이유도 맛도 중요하지만, 재미의 요소도 드려서 차를 쉽게 접할 수 있다는 걸 알려드리고 싶었습니다. 집에 있는 커피 필터로 차를 내려 먹으면 또 색다른 맛을 느낄 수 있어요. 쉽게 접할 수 있는 도구이기도 하고요. 단, 종이 필터는 종이 특유의 냄새 때문에 스테인리스 필터를 추천해 드려요.

차에 여러 시도를 해보는 것도 같은 맥락이라고 생각합니다. 쉽고, 재밌고, 간편하게 먹을 수 있는 걸 소비자가 아닌 차를 잘 아는 생산자가 개발해야 하거든요. 우리가 라면을 먹는 이유도 맛도 있지만 빠르고 간편해서잖아요. 그래서 매일 어떻게 하면 쉽고, 더 맛있게 사람들이 차를 마실 수 있을까 고민하고 있습니다.

앞으로 계획하고 있는 찻자리 프로그램이 있으신가요?
아침 일찍 찻자리를 할 수 있는 조조다담을 만들었고, 후에 별자리 찻자리도 계획하고 있습니다. 대부분 오후에 찻자리를 가지는데 아침 일찍 일어나시는 분들도 많으시고, 저녁 늦게까지 하동을 즐기시고 싶으신 분들도 많을 거라는 생각이 들었습니다. 조조다담의 경우 산보 삼아서 맑은 공기를 마시고, 솔향을 마시면서 이곳으로 올라와 찻자리를 가지는 거죠. 그럼 하루가 상쾌해지지 않을까 생각합니다. 별자리 찻자리의 경우 별을 보며 차를 마시는 시간을 가지는 거죠. 그래서 아침부터 밤까지 하동을 온전하게 느끼다 가셨으면 좋겠습니다. 다만, 추운 겨울, 비가 많이 오는 날 등 날씨가 좋지 않을 땐 하지 못하겠죠.

어떤 분들이 오셨으면 좋겠나요?
차를 즐기고, 여유를 즐길 줄 아는 분들이 오셨으면 좋겠습니다. 이곳은 주변의 잡다한 소리가 들리지 않고, 자연의 소리만 들리거든요. 새들이 지저귀는 소리, 바람에 나무가 흔들리는 소리, 쌍계사에서 울리는 종소리까지. 그래서 나만의 공간에서 나만의 시간을 가질 수 있습니다. 찻자리를 즐기러 오는 것도 있지만, 힐링을 하고 가시라는 취지에서 이러한 자리를 마련한 건데 너무 시간에 쫓기면 여기 온 의미가 없어진다고 생각합니다.

Tip.
정금차밭은 주차 공간이 따로 없고, 단금정으로 올라가는 길이 외길이라 차를 아래에 주차 후 걸어 올라가는 걸 추천한다. 걸어서 올라가면 15분 정도 소요된다.

 티스토리하동

이름 그대로 하동의 차 이야기가 스며든 카페. 1995년부터 화개에서 차를 만들어 파는 다산원에서 운영하는 카페로 커피보다는 차를 활용한 메뉴가 많으며, 곡우 전에 딴 찻잎으로 우린 녹차 우전, 입하 전에 딴 찻잎으로 우린 녹차 세작 등 시기별 수확한 녹차를 마셔볼 수 있다. 차와 함께 곁들일 녹차 꽃빵, 수제 양갱 등의 디저트도 있으니 함께 맛보길 바란다. 차를 만드는 시기에는 제다 체험도 가능하다.

정금차밭

하동 전통차농업이 2017년 세계중요농업유산으로 등재되면서 화개면 정금리 일원의 차밭을 아름다운 다원으로 조성했다. 잘 가꾸어진 차밭 사이로 길이 나 있어 사진 찍기에 좋아 알음알음 사람들에게 알려지고 있다. 특히 단금정에서 내려다보이는 화개 마을이 아름다우며 인생 사진은 덤. 언제 가도 좋지만 화개 십리벚꽃길에 벚꽃이 피는 봄에 방문한다면 화개의 봄을 온전히 눈에 담을 수 있다.

Ⓐ 경남 하동군 화개면 정금리 산168-1
Ⓜ Map → 2-T8

법향다원

우리나라에서 처음으로 녹차가 심어진 곳. 신라 흥덕왕 때 대렴공이 중국에서 차씨를 가져와 처음 심은 차 시배지로 경상남도 기념물 제61호로 지정되었다. 화개에 찻집도 함께 운영해 차나무에서 찻잎을 딴 후 무쇠솥에 아홉 번 덖어 탄생한 차를 마실 수 있다. 녹차뿐만 아니라 자연산 송이차, 겨우살이차, 해풍 맞은 쑥차 등도 맛볼 수 있다. 여러 가지 다기도 함께 판매하니 구경하는 재미가 쏠쏠하다.

Ⓐ 경남 하동군 화개면 화개로 113
Ⓣ 055-884-2609   Ⓗ 매일 08:30-21:00
Ⓟ 시배지 우전 10,000원
Ⓤ bubhyang.modoo.at   Ⓜ Map → 2-T3

Ⓐ 경남 하동군 화개면 쌍계로 230
Ⓣ 055-883-0799
Ⓗ 매일 11:00-22:00
Ⓟ 하동 녹차 우전 7,000원, 세작 5,000원
Ⓘ @tea_story_hadong
Ⓜ Map → 2-T9

한밭제다 차공간

제다의 모든 과정을 체험할 수 있는 곳. 교육 공간 바로 앞에 다원이 있어 직접 차를 따 나만의 차를 만드는 체험도 가능하다. 2층 건물로 지어진 이곳은 차뿐만 아니라 직접 말린 꽃잎과 다기, 녹차로 만든 과자 등도 판매하며, 교육을 위한 장소도 마련되어 있다. 주인장이 차에 대한 애정이 가득해 차를 마시면서 하동의 차와 우리나라의 차 문화에 대한 이야기도 들을 수 있으니 시간을 내서 방문해 보자. 차밭에서 인생 사진은 덤. 체험 프로그램의 경우 예약제로 진행된다.

> Ⓐ 경남 하동군 화개면 부춘길 22
> Ⓣ 055-883-2288 Ⓗ 매일 09:00-18:00
> Ⓤ @hanfarmtea Ⓜ Map → 2-T5

쌍계명차

화개 입구에 자리한 쌍계명차. 발효 녹차, 꽃차, 오미자차, 대추차 등 전통차와 녹차 라테, 녹차 빙수, 녹차 아이스크림 등 차를 활용한 디저트를 판매한다. 특히 식품명인 제28호로 지정된 김동곤 명인이 추천하는 차는 꼭 마셔보자. 4만 평의 다원과 자체 농장을 운영해 거기서 재배한 차들을 매장에서 판매해 선물로도 제격이다. 차 외에도 티포트, 찻잔 등도 함께 구매할 수 있다. 음료를 마시면서 천천히 매장을 구경해 보길 바란다.

> **Plus. 쌍계명차 박물관**
> 쌍계명차 내부 2층에 자리한 박물관. 가야 토기를 비롯해 청자, 백자, 찻잔, 기해본 동의보감 25권 전실 등이 전시되어 있으며, 하동의 차 역사에 대해서도 자세히 설명되어 있다.

> Ⓐ 경남 하동군 화개면 화개로 30
> Ⓣ 055-883-2440 Ⓗ 매일 09:00-21:00
> Ⓤ sktea.com Ⓘ @sktea_official
> Ⓟ 녹차 우전 8,000원, 발효녹차 5,000원
> Ⓜ Map → 2-T4

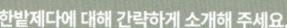

Lee Deokju

이덕주

한밭제다 차공간 매니저

한밭제다 차공간
경상남도 하동군 화개면 부춘길 22
055-883-2288

차를 마시는 이유 중 하나가 좋은 성분과 효능 때문이기도 하지만, 차가 주는 여유로움을 찾는 데 있다고 생각을 해요.

한밭제다에 대해 간략하게 소개해 주세요.
Only Tea, A to Z. 차에 관한 모든 것들을 이곳에서 하고 있습니다. 농사부터 가공, 유통, 체험 교육까지 하고 있죠. 차에 관한 궁금한 사항이 있으면 이곳에서 설명해 드리고, 연계도 해 드리고 있습니다.

체험 교육이라는 게 정확히 어떤 건가요?
크게 두 가지로 나뉘어요. 제다 교육이라고 해서 차를 만드는 가공 교육 프로그램과 차를 즐기시는 분들을 위한 차 종류, 어떻게 마시면 좋은지 등 차를 마시면서 궁금한 점에 대한 질문을 주시면 아는 만큼 가능한 한 과학적으로 설명해 드리는 교육이 있습니다. 차를 마시면서 그 시간이 이루어지는 거죠.
체험도 강의식으로 하는 게 있고, 직접 체험하는 프로그램이 있습니다. 찻잎을 직접 따고, 덖고, 비비고, 말리고, 건조하고, 포장까지 해서 가져가는 프로그램이 있는데 일련의 과정을 모두 체험해 보는 거죠. 녹차의 경우 가장 단시간에 할 수 있는 체험이라 4시간 정도 소요됩니다. 홍차의 경우 이틀 정도가 걸려 당일 체험으로는 녹차가 주로 이루어지고 있습니다. 내리쬐는 햇살, 코끝으로 느껴지는 차향, 스쳐 가는 바람 등을 차 체험을 통해 느낀다면 집으로 돌아가셔서도 차가 계속 생각나지 않을까 싶어요. 자신이 만든 차를 더 맛있게 먹을 수 있고요. 이 프로그램을 기획한 이유도 여기에 있죠.

차가 가져다주는 이로움에는 뭐가 있을까요?
차를 마시는 이유 중 하나가 차의 좋은 성분과 효능 때문에 섭취를 하기도 하지만 차가 주는 여유로움을 찾는 데 있다고 생각을 해요. 그래서 시간이 없어 하나부터 열까지의 과정을 다 거치지 않더라도 두 가지 정도의 과정은 거쳐서 마시길 바라요. 그 마시기 위한 과정을 즐기는 것까지가 차의 매력을 느끼는 거라는 생각이 들어요. 그렇다고 차를 어렵게 마셔야 한다는 것은 아니고 일상생활에서 차를 마시는 시간만큼은 여유를 두고 마셨으면 하는 바람이죠.
또한 술 한잔할까?, 밥 한 끼 할까? 라고 했을 땐 어느 정도 안면이 있는 사람과 가능한 대화인데 차 한잔하실래요? 라는 질문은 안면이 없어도 가능한 것 같아요. 대화의 시작이 될 수 있는 게 차가 가지는 힘인 것 같아요.

차를 마시는 거 말고도 즐길 수 있는 방법이 있을까요?
생활 속에서 응용할 수 있는 방법은 정말 다양해요. 녹차 같은 경우 조금씩 씹어먹으면 쌉싸름한 나물을 먹는 느낌이 있어요. 운전할 때 가지고 다니면서 조금씩 먹으면 정신도 맑게 해주고, 입 냄새도 없애줘요. 그리고 차를 우려먹고 모아서 참기름과 소금 등을 넣어 조물조물 버무려서 나물로 해 드셔도 되고, 생선을 굽거나 할 때 그 위에 두면 잡내를 없앨 수 있습니다. 족욕할 때 넣어도 되고요. 이런 걸 하나하나 이곳에서 다 알려드리고 싶죠. 슬기로운 차생활이라고 해서 마시는 거 외에도 차를 즐길 수 있는 방법을 확장해보려고 계획하고 있습니다.

Kim Donggon

김동곤

명인

소개 부탁드립니다.
하동군 화개면에서 10대째 토박이로 태어나 선친의 뒤를 이어 제다를 익혀 1975년 쌍계명차를 설립했습니다. 2006년 우리 차와 전통문화의 부흥에 힘쓴 공로를 인정받아 식품명인 제28호로 지정되었죠.

쌍계명차에서는 어떤 차를 판매하나요?
우리나라 시배지로 자연 상태 그대로의 차를 사용해 전통의 방식과 엄격한 수확 시기를 거쳐 많이들 아시는 녹차 등을 만들고 있습니다. 이뿐만 아니라 한방약재를 이용한 한차도 함께 만들어 판매하고 있습니다. 저희 집안이 5대째 한의 가문의 명맥을 이어오고 있는데 저희 아들이 한의사로 오랫동안 연구를 해 한차를 만들었습니다. 겨우살이차, 결명국화차, 돌매모과 고뿔차, 돼지감자차 등 주로 지리산에서 나는 천연 재료를 바탕으로 차를 만들고 있습니다. 국화, 수국, 민들레 등 200여 종은 직접 키운 상품으로 선보이고 있습니다.

명인님께서 생각하시는 차는 어떤 음료인가요?
차는 가장 정신적인 음료입니다. 다도라고 하잖아요. 도의 음료이고 수행의 음료이죠. 특히 불교 문화권에서는 부처님의 불경을 읽는 거나 참선을 하는 거나 차를 마시는 거나 같은 거라고 합니다. 그만큼 육체적으로도 정신적으로도 이로운 거죠.
서산대사가 화개에서 쓴 글을 보면 고민이라는 건 허깨비라고 해요. 정신을 차리고 보면 실체가 없는 건데 조그마한 걱정이 집채만 해진다고 합니다. 차를 마시면 그런 허깨비 같은 걱정을 덜어줘요. 마음이 다스려지고 평화를 가져다 주죠.

차가 약으로도 쓰인다고 들었는데요?
동의보감에도 차를 하나의 약으로 취급하고 있습니다. 차는 눈과 머리를 맑게 하고, 소화를 잘 시켜준다고 되어 있어요. 특히 당뇨병에 좋고, 마음을 편안하게 해주는 그런 성분이 차에 많이 들어 있습니다. 한국의 약차는 의학적인 용도로 사용하기 위해 한두 가지 약재를 끓여낸 맑은 물이라는 의미를 가진 전통 음료이고, 전 세계 어느 곳에서도 다양한 종류의 통일성 있는 전통 음료는 찾아볼 수 없습니다. 이처럼 차는 지금 이 시대를 살아가는 사람에게 건강 음료이자, 힐링을 주는 음료인 거죠.

앞으로 쌍계명차의 목표가 무엇인가요?
차의 대중화를 위해 계속 노력하고 발전해 나가는 곳이 되고 싶습니다. 차의 좋은 점은 많이 아시지만 아직까지는 격식에 맞춰 먹어야 하는 어려운 음료라고 많이 생각을 하세요. 이곳 쌍계명차 공간에 계단식으로 자리를 만든 이유도 차에 관련해 강의를 하고, 좀 더 쉽게 접하게 하기 위해 만들었습니다. 차를 만들고, 강의를 하고, 차와 관련한 책을 쓰는 이유도 사람들에게 차가 좀 더 쉽고, 편리하다는 걸 알려주기 위해서죠. 화개, 쌍계명차에 오셔서 차 한 잔을 통해 쉽게 마실 수 있는 음료라는 걸 느끼고 가셨으면 좋겠습니다.

쌍계명차
경남 하동군 화개면 화개로 30
055-883-2440

조그마한 걱정이 집채만 해진다고 합니다.
차를 마시면 그런 허깨비 같은 걱정을
덜어줘요. 마음이 다스려지고 평화를
가져다 주죠.

☕ 쟈드리

악양에 자리한 작은 차 공간. 쟈드리 쇼룸 겸 차를 마실 수 있는 자리가 마련되어 있다. 녹차와 홍차를 베이스로 한 두 가지 코스가 있다. 녹차 또는 홍차를 먼저 마신 후 각종 대용 차까지 총 6~7가지 차를 맛보는 티 코스로 다양한 자연 재료를 블렌딩하고, 직접 개발한 대용 차도 함께 음미할 수 있다. 차와 함께 맛볼 수 있는 간단한 다식도 준비해 준다. 티 코스를 경험해 보려면 예약 필수. 마셔본 차와 그 외 쟈드리에서 만든 차들을 쇼룸에서 구매 가능하다.

Tip. 블렌딩 티
차 자체로도 맛과 향을 즐길 수 있지만, 차에 꽃이나, 허브, 곡식 등을 더해 블렌딩하면 또 다른 맛과 재미를 느낄 수 있다.

Ⓐ 경남 하동군 악양동로 382　Ⓣ 010-8572-2437
Ⓗ 예약제　Ⓤ tea365.co.kr　Ⓘ jade.lee_teashop
Ⓟ 티 코스 20,000원　Ⓜ Map → 3-T2

Ⓐ 경남 하동군 악양면 악양서로 346-1
Ⓣ 055-883-3500　Ⓗ 화-일 10:00-18:00 (월요일 휴무)
Ⓟ 우전 녹차 7,500원　Ⓜ Map → 3-T1

☕ 매암제다원

악양면에 있는 평지 다원으로 차의 향을 가득 느낄 수 있는 곳. 차를 마실 수 있는 카페와 100여 년의 악양 차 역사를 볼 수 있는 박물관을 함께 운영하고 있다. 카페의 경우 실내뿐만 아니라 야외 테이블이 마련되어 있어 날씨가 좋다면 차밭을 보고 차를 마시길 추천한다. SNS 차밭 뷰로 사람들에게 알려졌지만, 이곳이 더 매력적인 이유는 반려동물 동반 출입이 가능하다는 점. 반려동물과 함께 여행하는데 차밭을 가고 싶다면 이곳으로 향하자.

Plus. 매암차박물관
국내 최초 차 문화 사립박물관. 2000년에 개관한 이곳은 하동의 차와 차 문화를 공유하고자 만들어졌다. 한국 전통차 문화를 체험하고 알아볼 수 있는 시간을 이곳에서 가져보길 바란다. 찻값으로 관람료를 대신하고 있으니, 음료 구매 후 이곳을 둘러보자.

쟈드리에 대해 간략하게 소개 부탁드립니다.
차를 만드는 모든 과정을 직접 연구하고 생산까지, 차를 만드는 모든 과정을 하고 있습니다. 전통과 현대의 공존을 꿈꾸며, 우리 전통차 문화가 현대인의 기호에 부응할 수 있는 다양한 요소들로 좀 더 쉽고, 자연스럽게 스며들 수 있도록 노력하고 있습니다.

이곳 악양에 자리를 잡으신 이유가 있으신가요?
제 고향이 악양입니다. 아버지께서 차 농사도 이곳에서 계속 지으셨죠. 이처럼 화개만큼은 아니지만 악양에도 오랫동안 꾸준히 차밭을 가꾸시는 분들이 있으세요. 사람들이 화개뿐만 아니라 악양에도 차를 생산하고, 알리기 위해 노력하는 사람들이 있다는 걸 알아주셨으면 했습니다. 그래서 이곳 악양에 쟈드리 티바를 열었습니다. 악양도 갈만한 찻집이 있어 했을 때 이곳을 떠올려 주셨으면 했습니다.

쟈드리가 무슨 뜻인가요?
경상도 사투리로는 쟈드리, 쟤들이라는 말도 되고, 프랑스어로는 쟈드가 '옥(玉)'이라는 의미도 담고 있습니다. 처음 아는 형님 부부께서 지어주셨을 때 가슴에 와닿지 않았었는데 지금은 많은 분이 알아봐 주시고, 안 잊어버리는 이름이라고 말씀해 주셔서 만족하고 있습니다. 또 쟈드리라는 이름이 특이해 오시는 분들께서 각자 나름 해석을 해 주시더라고요. 오시는 분들이 쟈드리의 뜻을 만들어 가주시는 것 같습니다.

이곳에 오면 어떤 차 코스를 즐길 수 있나요?
같은 차라도 순서에 따라, 물에 따라 맛이 많이 달라집니다. 저희 쟈드리에서는 녹차와 홍차를 베이스로 다양한 재료를 블렌딩해서 드리고 있습니다. 홍차에 유자, 초리, 비트 등을 블렌딩해서 내어 드리기도 하고, 오시는 분 취향, 나이에 따라 조금씩 달리해서 드리고 있습니다. 차를 드릴 때마다 기존의 차에 새로운 맛과 향이 더해져 다들 재미있어하시고, 신기해하시면서 차를 즐기시다 가세요.

마지막으로 하시고 싶으신 말씀 있으신가요?
악양뿐만 아니라 어느 여행지를 가더라도 많이 알려지지 않은 지역 주민들만 아는 관광 코스가 있어요. 그래서 그곳의 식당을 가던, 카페를 가던 주인장에게 이 근처에 가볼 만한 곳이 있을까요?라고 한 번쯤 물어보시길 바랍니다. 여행자분들이 생각하지 못한 맛집과 숨은 명소를 알려주실 거든요. 악양에도 스타웨이 하동에서 올라가다 보면 신라 시대 때 만들어진 산성이 있는 고소성 군립공원이 있습니다. 거기서 내려다보는 악양의 풍경이 정말 아름다워요. 악양의 주민들이 아니면 이곳은 잘 모르죠. 이처럼 질문 하나로 좀 더 깊고, 의미 있는 여행이 되길 바랍니다.

Lee Jongmin

이종민
쟈드리 대표

쟈드리

경남 하동군 악양면 악양동로 382
010-3093-2342

같은 차라도 순서에 따라,
물에 따라 맛이 많이 달라집니다.

SPOTS TO GO

자연의 모습을 온전히 품고 있는 하동.
스냅 사진을 찍을 수 있는 장소부터 체험, 액티비티를 경험할 수 있는 곳까지.
하동은 스폿 하나하나 자신만의 매력을 담고 있다.

01
HWAGAE : 역사와 자연이 흐르는 곳, 화개

02
AGYANG : 예술이 깃든, 악양 일대

03
HADONG-EUP & SOUTH :
소박하지만 아름다운, 하동읍 & 남부

[THEME]
EXPERIENCE : 오직 하동에서만

[THEME]
ACTIVITY : 오감 만족 액티비티

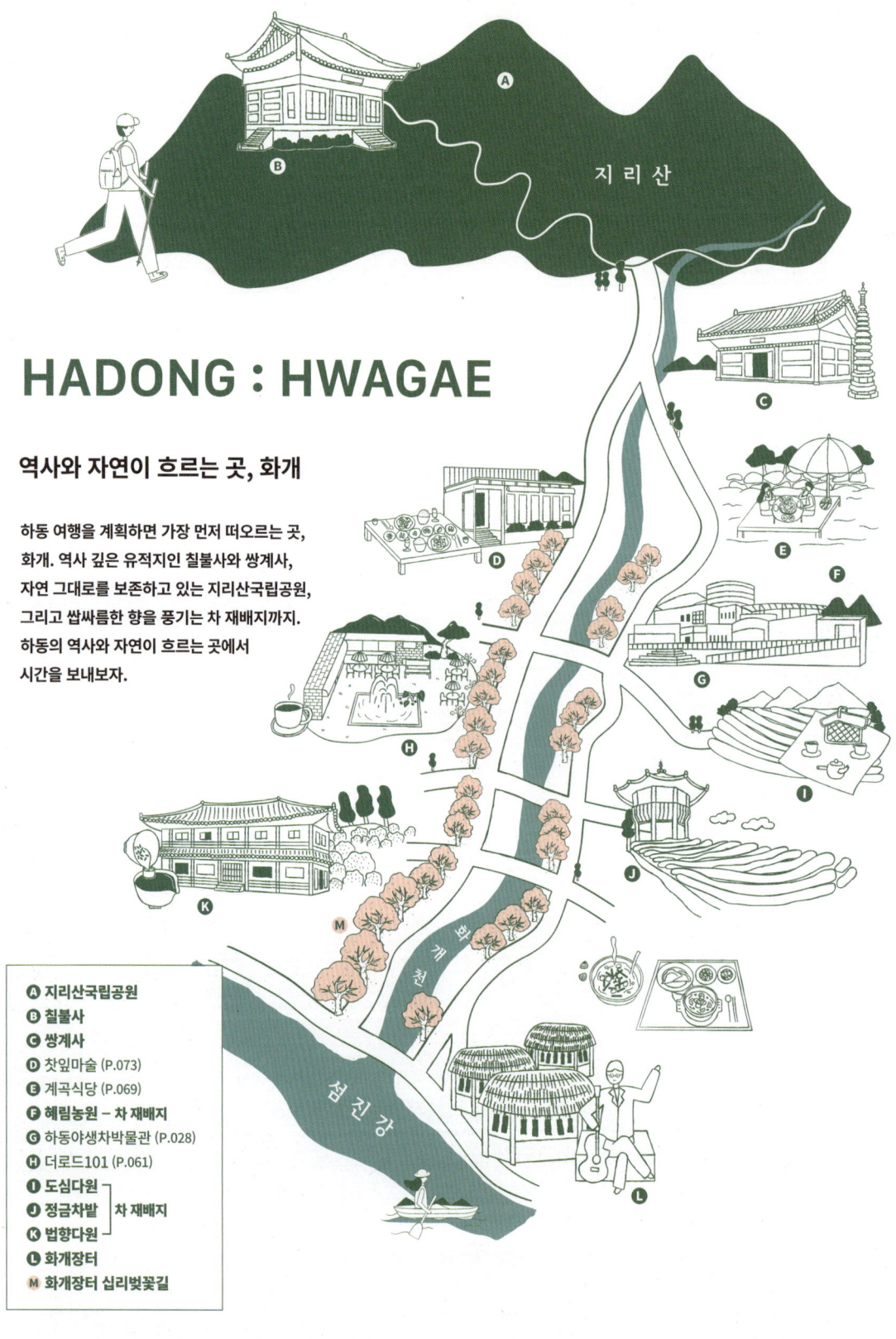

HADONG : HWAGAE

역사와 자연이 흐르는 곳, 화개

하동 여행을 계획하면 가장 먼저 떠오르는 곳, 화개. 역사 깊은 유적지인 칠불사와 쌍계사, 자연 그대로를 보존하고 있는 지리산국립공원, 그리고 쌉싸름한 향을 풍기는 차 재배지까지. 하동의 역사와 자연이 흐르는 곳에서 시간을 보내보자.

- Ⓐ 지리산국립공원
- Ⓑ 칠불사
- Ⓒ 쌍계사
- Ⓓ 찻잎마술 (P.073)
- Ⓔ 계곡식당 (P.069)
- Ⓕ 혜림농원 – 차 재배지
- Ⓖ 하동야생차박물관 (P.028)
- Ⓗ 더로드101 (P.061)
- Ⓘ 도심다원
- Ⓙ 정금차밭 　차 재배지
- Ⓚ 법향다원
- Ⓛ 화개장터
- Ⓜ 화개장터 십리벚꽃길

| 화개면·청암면 |

지리산국립공원
Jirisan National Park

> **Tip.**
> 삼성궁과 쌍계사는 지도상으로 가까워 보이지만 지리산을 끼고 있어 차로 약 1시간 20분 정도 소요된다.

우리나라 최초로 지정된 국립 공원 제1호. 경남 하동, 산청, 함양, 전북 남원, 전남 구례에 걸친 면적 438.9㎢, 높이 1,915.4m로 넓은 크기만큼 800여 종의 식물과 400여 종의 동물들이 살아가고 있다. 유서 깊은 사찰과 국보, 보물 등의 문화재가 산재해 있으며, 사계절 각기 다른 옷을 입으며 관광객을 맞이하고 있다. 등산로가 여러 곳에 있기 때문에 여행 일정을 짠 후 가까운 곳에서 등산을 시작하길 추천한다.

Ⓐ 경남 하동군 화개면 화개로 1052　Ⓜ Map → 2-★1

| 화개면 |

칠불사 Chilbulsa Temple

가락국의 시조인 김수로왕의 일곱 왕자가 이곳에서 성불했다고 하여 칠불사라 불리는 사찰. 지리산 반야봉 남쪽 해발 약 800m에 자리한 이곳은 고려 시대의 정명, 조선 시대의 벽송, 조능, 서산, 부휴, 백암 선사 등 참선도량으로 수많은 선사가 머물렀던 곳이다. 1,100여 년 전 신라 효공왕 때 한 번 불을 지피면 온기가 100일 간다는 아자방을 지어 더 유명해졌으며, 경남 유형문화재 제144호로 지정됐다.

Ⓐ 경남 하동군 화개면 범왕길 528　Ⓣ 055-883-1869　Ⓜ Map → 2-★2

> **Tip. 템플스테이**
> 불교의 역사와 문화가 살아 숨 쉬는 쌍계사와 칠불사에서 템플스테이를 체험해 볼 수 있다. 바쁜 일상에서 벗어나 나를 돌아보는 시간을 가져보자.

> **Tip.**
> 쌍계사에는 고운 최치원이 직접 쓴 국보 제47호 진감선사탑비를 비롯해 보물 제380호 쌍계사 부도, 보물 제500호 대웅전 등 많은 문화재가 있다.

| 화개면 |

쌍계사
Ssanggyesa Temple

신라 성덕왕 23년 의상의 제자 삼법이 창건한 사찰. 내부에는 많은 문화재가 있으며, 차와도 인연이 깊어 입구 근처에 차시배추원비, 해동다성진감선사추앙비, 차시배지기념비 등이 있다. 사계절 고요한 이곳은 가을이 되면 사찰을 뒤덮은 울긋불긋한 단풍이 장관을 이뤄 많은 사람이 찾고 있다.

Ⓐ 경남 하동군 화개면 쌍계사길 59
Ⓣ 055-883-1901
Ⓟ 성인 2,500원, 만 18세 미만 무료
Ⓜ Map → 2-★4

> 화개면

차 재배지 Tea Plantation

1,200여 년의 야생차 역사를 가진 화개는 차 재배 지역이 곳곳에 분포해 있다. 신라 흥덕왕 때 왕명 최초로 녹차를 심은 법향다원, 우리나라 최고차나무가 위치해 있는 도심다원, 아름다운 다원으로 조성된 정금차밭 등 녹차의 향을 느낄 수 있는 곳이 많다.

Tip.
다원에서 차 체험, 피크닉 세트 대여도 가능하니 진한 녹차밭에서 사진을 꼭 남겨보자.

도심다원 P.029

지리산 화개동천에 자리한 다원. 차밭에는 경상남도 기념물 제264호 최고차나무가 자리하고 있으며, 7대를 이어 차 농사를 짓고 있다. 차밭에서뿐만 아니라 내부에서도 차를 마실 수 있다.

Ⓐ 경남 하동군 화개면 신촌도심길 51-2
Ⓜ Map → 2-T2

법향다원 P.032

신라 흥덕왕 때 김대렴 공이 중국에서 차씨를 가져와 처음 심은 곳. 지방기념물 제61호 우리나라 차 시배지로 지정되어 있다. 이쌍용 명인의 손끝에서 만들어진 차를 이곳에서 마셔보자.

Ⓐ 경남 하동군 화개면 화개로 112
Ⓜ Map → 2-T3

혜림농원 P.028

구불구불한 산길을 따라 모노레일이 설치되어 있는 혜림농원. 이곳의 주인장은 차밭에서 나는 생명 하나하나를 찻잔에 담아 눈으로, 맛으로 사람들에게 대접한다.

Ⓐ 경남 하동군 화개면 악양서로 346
Ⓜ Map → 2-T6

Plus. 정금차밭 P.032

다른 차밭들과 마찬가지로 산비탈에 자리한 정금차밭. 약 15분 정도 걸어 올라가면 화개 마을이 내려다 보이는 단금정 정자가 나타나는데 이곳에서 꼭 사진을 남겨보자.

Ⓐ 경남 하동군 화개면 정금리 1136
Ⓜ Map → 2-T8

> 화개면

화개장터 십리벚꽃길
Hwagae Simni Cherry Blossom Walkway

맑은 계곡과 흐드러지게 핀 벚꽃이 한데 어우러져 장관을 이루는 십리벚꽃길. 봄이 되면 이곳은 가족과 연인들이 드라이브하기 위해 발걸음이 끊이질 않는다. 특히 사랑하는 이와 걸으면 백년해로한다고 해서 '혼례길'이라 불리며 데이트 코스로 사랑받고 있다. 화개장터 가는 길에 있으니 함께 묶어서 여행해 보자. 하동의 봄을 느낄 수 있을 것이다.

Ⓐ 경남 하동군 화개면 화개로 142
Ⓜ Map → 2-★5

화개면

화개장터 Hwagae Market Site

바다와 산, 강을 끼고 있는 하동은 물자가 풍부해 오래전부터 물물교환이 이루어졌다. 특히 화개장터는 조선 시대부터 전국에서 손꼽히던 큰 시장이었다. 중국의 비단과 제주도의 생선까지 거래했다고 하니 얼마나 많은 사람이 교역을 했는지 조금이나마 가늠이 간다. 지금은 시장의 역할도 하지만 하나의 관광 명소로 자리 잡으면서 하동을 방문하면 꼭 가야 하는 장소가 되었다.

Ⓐ 경남 하동군 화개면 쌍계로 15　Ⓣ 055-883-5722　Ⓗ 매일 09:00-18:00　Ⓜ Map → 2-★8

화개장터 둘러보기

화개락

차를 우릴 수 있는 다기와 그릇들이 전시되어 있어 자칫 판매장이라 생각할 수 있지만 음료도 함께 판매하는 뷰 카페이다. 창밖으로 펼쳐지는 뷰가 아름다워 사람들에게 알음알음 알려지고 있다. 특히 봄이 되면 하동의 벚꽃과 함께 사진을 남길 수 있는 테이블이 밖에 설치되어 있으니 화개장터를 방문한다면 들어가 보자.

Ⓐ 경남 하동군 화개면 탑리 754-2
Ⓣ 055-882-6801　Ⓗ 매일 09:00-19:00
Ⓤ 녹차 5,000원　Ⓜ Map → 2-★8

장터국밥

장터에서 빠질 수 없는 음식은 국밥. 2000년 화개장터 내에 문을 연 이곳은 화개장터 유일의 국밥집이다. 참게 매운탕, 메기 매운탕, 가마솥 삼색비빔밥 정식, 재첩국, 은어튀김, 도토리묵 등 다양한 음식을 만들어 판매하지만, 그 중 으뜸은 국밥이다. 특히 콩나물과 소고기가 듬뿍 들어간 소고기국밥은 시원하면서도 깔끔해 속을 달래준다.

Ⓐ 경남 하동군 화개면 쌍계로 17　Ⓣ 055-884-1008
Ⓗ 매일 08:00-19:00　Ⓘ @hwageajangteo
Ⓟ 소고기국밥 9,000원, 돼지국밥 8,000원
Ⓜ Map → 2-★8

원조 수수부꾸미

수수 가루를 반죽해 둥글고 넓적하게 만들어 기름에 지진 떡, 수수부꾸미를 화개장터에서 맛볼 수 있다. 팥소가 안에 들어가 꼭꼭 씹을수록 맛이 배가 되어 달달하면서도 고소하다. 주인장이 직접 만든 호박 식혜와 일반 식혜도 판매하니 함께 맛보길 바란다.

Ⓐ 경남 하동군 화개면 쌍계로 15
Ⓟ 수수부꾸미 2,000원
Ⓜ Map → 2-★8

Plus. 조영남갤러리카페

가수 조영남의 작품들이 전시된 카페. 과거 우체국이었던 공간을 개조했다. 1층에는 카페, 2층과 별관에서는 작품을 감상할 수 있는 전시관이 마련되어 있다. 조영남 작품 외에도 지역 작가의 작품을 감상할 수 있어 보는 재미가 있다. 프랑스 자수 등 클래스도 열려 워케이션을 위해 하동을 방문했다면 이곳에서 체험해 봐도 좋다.

Ⓐ 경남 하동군 화개면 원탑2길 4　Ⓣ 055-883-7452
Ⓗ 금-월, 수요일 11:00-18:00 (화, 목요일 휴무)　Ⓟ 블루베리라떼 6,000원　Ⓜ Map → 2-C4

HADONG : AGYANG

예술이 깃든, 악양 일대

글과 그림이 가득한 하동 악양 일대. 소설 토지의 주 무대가 된 최참판댁과 평사리들판부터 골목골목이 하나의 작품이 된 하덕마을까지. 하동의 문화 예술이 곳곳에서 꽃 피는 이곳에서 문학 기행을 떠나보자.

2009년 세계에서 111번째, 국내 5번째로 슬로시티 인증을 받은 악양. 풍부한 일조량과 맑은 물로 철마다 다양한 작물을 수확해 건강한 먹거리가 풍부하며, 차와 문학이 깃든 공간이 곳곳에 있어 느리게 여행하기 좋은 마을이다. 또한, 감 중에 으뜸이라고 불리는 대봉감의 시배지로 전해지고 있는 악양. 특유의 단맛과 색, 모양이 아름다워 전국적으로 유명하다.

하동은 예로부터 수많은 문인이 찾아와 작품을 남겼다. 천혜의 자연경관을 바탕으로 토지, 역마, 지리산 등 한국인들에게 사랑받고 있는 문학 작품의 배경지가 되기도 했으며, 많은 작가에게 영감을 주는 곳이기도 하다.

문학의 본고장이라 불리는 하동에는 수많은 작가가 있다. 작가 박경리뿐만 아니라 이병주 작가, 김동리 작가 등 수많은 문인이 하동에서 영감을 받고 문학 활동을 했다.

Tip.
박경리문학관 앞에는 악양벌을 배경으로 찍을 수 있는 포토존이 마련되어 있어 사진을 남기기 위해 많은 사람이 찾고 있다.

악양면

박경리문학관
Park Kyongni Literature Museum

소설 '토지' 작가 박경리의 삶과 문학을 들여다볼 수 있는 공간. 박경리 작가가 쓰던 사전과 안경, 돋보기 등이 전시되어 있으며 토지를 집필하면서 느낀 이야기들을 자세하게 볼 수 있다. 최참판댁과 붙어 있어 함께 둘러보길 바란다.

Ⓐ 경남 하동군 악양면 평사리길 79　Ⓣ 055-882-2675　Ⓗ 매일 09:00-18:00　Ⓜ Map → 3-★4

악양면

최참판댁
A Home of Choi Champan in Peongsa-ri

박경리의 소설 '토지'의 배경이 된 최참판댁. 드라마 촬영장으로 만들어진 이곳은 조선 후기 생활 모습을 재현해 놓은 곳으로 한옥 14동, 초가 50동으로 구현되었으며, 사랑채에 올라서면 평사리들판이 한눈에 보인다. 매년 가을에는 전국 문인들의 문학축제인 토지문학제가 열려 관광객뿐만 아니라 문인들에게도 사랑받는 공간이다. 이와 함께 작가의 유품과 초상화가 전시된 박경리 문학관도 옆에 위치하고 있다. 최참판댁을 따라 올라오는 길에는 하동에서 맛볼 수 있는 콩유과, 직접 염색한 천을 가지고 만든 의류 등을 만나볼 수 있다.

Ⓐ 경남 하동군 악양면 평사리길 45
Ⓣ 055-880-2960
Ⓗ 매일 09:00-18:00
Ⓟ 어른 2,000원, 청소년 1,500원, 어린이 1,000원
Ⓜ Map → 3·★3

Plus. 평사리문학관

최참판댁과 연계해 하동 및 지리산 문학에 대한 이해를 돕고자 세워진 문학관. 작가 박경리를 비롯해 이병주, 김동리 등 한국 문학사의 중요 문인들을 기념하고 평사리 지역 관련 작품 등을 소장·수집하고자 개관했다. 이곳에서는 지리산권 작품과 하동 소재의 작품들을 감상할 수 있으며, 다양한 문학 행사도 열리고 있다.

Ⓐ 경남 하동군 악양면 평사리길 76-23
Ⓣ 055-882-6669
Ⓗ 매일 하절기 09:00-18:00, 동절기 09:00-17:00
Ⓤ cafe.daum.net/noveltoji
Ⓜ Map → 3·★14

악양면

하덕마을 섬등 골목길 갤러리
Hadeok Village Alley Gallery

Plus. 팥이야기

하덕마을 섬등 골목길 들어가기 전 바로 입구에 있는 팥이야기. 내부로 들어서면 앤틱한 가구와 소품들이 아늑하고 고즈넉한 분위기를 풍긴다. 가게의 이름처럼 이곳의 대표 메뉴는 단팥죽과 팥빙수. 달짝지근하면서도 고소한 팥죽은 남녀노소 모두가 좋아할 디저트이다. 팥죽과 빙수 외에도 우유커피, 쌍화차 등을 함께 판매한다.

Ⓐ 경남 하동군 악양면 악양서로 221-13
Ⓣ 010-4587-5777
Ⓗ 수-일 11:00-18:00 (월, 화요일 휴무)
Ⓟ 단팥죽 5,000원, 팥빙수 5,000원
Ⓜ Map → 3·C1

골목골목이 하나의 작품이 된 시골 마을. 섬처럼 멀리 뚝 떨어진 마을이라 섬등이라 불린 이곳에는 27명의 작가가 주민들과 어울려 살고 있다. 벽화뿐만 아니라 담장 위의 조각, 도자기 등 마을의 경관을 해치지 않으며 작품들이 집들과 조화롭게 잘 꾸며져 있다. 마을을 천천히 걸으며 작품 하나하나를 감상하는 여유를 이곳에서 가져보길 바란다.

Ⓐ 경남 하동군 악양면 입석리 182-7   Ⓜ Map → 3·★7

악양면

스타웨이하동
Starway Hadong

천혜의 자연과 함께 편안한 휴식을 취할 수 있는 스타웨이하동. 특히 150m 상공 위 별 모양으로 세워진 스카이워크는 드넓은 평사리들판과 섬진강이 한눈에 보여 하동의 풍경과 같이 인생 사진을 남길 수 있어 하동을 방문한다면 꼭 들러봐야 한다. 카페와 숙소도 함께 운영해 사랑하는 이와 하동을 추억하기 좋은 장소이다.

Ⓐ 경남 하동군 악양면 섬진강대로 3358-110
Ⓣ 055-884-7410   Ⓗ 매일 09:30-20:30
Ⓤ starwayhadong.com   Ⓜ Map → 3-★6

스타웨이하동 사진 Point

평사리들판을 풍경으로 찍을 수 있는 스폿과 섬진강을 배경으로 찍을 수 있는 스폿이 있다. 카페 위로 올라가 위에서 아래로 찍으면 더 넓게 하동을 담을 수 있으니 찍어주는 사람은 카페로 올라가 찍어주자. 건물 옆에는 계단으로 된 사진 스폿도 있다.

Plus. 스타웨이하동 카페

스타웨이하동에서 가장 높은 곳에 자리한 섬진강이 보이는 카페. 스타웨녹차 아포카토, 녹차라떼, 별밤 에이드, 악양 대봉감 주스 등 하동의 특산물을 활용한 음료뿐만 아니라 젤라또, 마카롱, 케이크, 샌드위치 등 다양한 디저트도 선보인다.

Ⓟ 스타웨이녹차라떼 7,000원

Plus. 스타웨이하동 힐포트

창밖으로 섬진강이 한눈에 바라보이는 숙소. 더블, 트윈, 온돌 세 가지 타입의 2인 기준 (최대 인원 4인) 객실이 준비되어 있다. 이곳에서 머무르는 손님에 한해 스카이워크를 무료 체험할 수 있으며, 카페에서 음료 20% 할인받을 수 있다.

Ⓐ 경남 하동군 악양면 섬진강대로 3352-1

> **Tip.**
> 드라이브 코스로 유명한 평사리들판. 걸어도 좋지만, 차를 타고 천천히 달리면서 하동의 자연 바람을 맞는 것도 좋다.

(악양면)

평사리공원
Pyeongsa-ri Park

악양면 평사리에 위치한 공원으로 하동 그린 꽃 가꾸기 사업으로 조성됐다. 섬진강을 끼고 있어 자연경관이 뛰어나 힐링을 위해 사람들이 발걸음을 하고 있다. 그늘막, 바비큐 그릴 등이 있는 야영장도 조성되어 있어 캠핑족들에게도 인기 있는 핫스폿이다. 매년 11월 초에는 옛날 임금님께 진상했다는 대봉감 축제가 이곳에서 개최된다.

Ⓐ 경남 하동군 악양면 평사리 77
Ⓣ 055-880-2471 Ⓜ Map → 3-★10

(악양면)

평사리들판
Pyeongsa-ri Field

박경리 소설 토지의 주 무대가 된 들판. 83만여 평에 달하는 평사리들판은 여름이면 초록 초록한 들판이, 가을이면 노란 들판이 물들어 광고 CF 촬영지로도 유명하다. 이곳에 있는 부부송은 또 다른 매력 포인트. 평사리들판을 배경으로 부부송과 함께 사진을 꼭 남기길 추천한다. 차들이 다니는 도로이니 주의할 것.

Ⓐ 경남 하동군 악양면 평사리 293-2 일대 Ⓜ Map → 3-★9

(악양면)

동정호 Dongjeongho Lake

평사리들판 옆에 위치한 생태습지공원. 산책 코스가 잘 정비되어 있어 걷기 좋으며, 계절마다 아름다운 꽃이 핀다. 천국의 계단, 나룻배 등 포토 스폿이 곳곳에 있어 인생 사진을 남기기도 좋아 연인, 또는 친구, 가족 단위로 많이 찾는다. 평사리들판 드라이브 후 이곳에서 천천히 걸으며 힐링의 시간을 가져보길 바란다.

Ⓐ 경남 하동군 악양면 평사리 305-2 Ⓜ Map → 3-★8

악양면

지리산생태과학관
Jirisan Ecological Science Museum

희귀 야생 동식물들을 한눈에 볼 수 있는 생태과학관. 1층에는 월별 테마에 맞는 체험 프로그램과 지리산 자연자원, 표본전시실 등이 있으며, 2층에는 생태과학실, 생태체험실, 수생태 야생화공간 등이 있다.

Ⓐ 경남 하동군 악양면 섬진강대로 3358-30　Ⓣ 055-884-3026
Ⓗ 화-일 3월-10월 09:00-18:00, 7월-8월 09:00-19:00, 11월-2월 09:00-17:00
　（월요일, 1월 1일, 설날, 추석 당일 휴무）
Ⓤ jirisanesm.or.kr　Ⓟ 성인 1,000원, 청소년 800원, 어린이 600원　Ⓜ Map → 3-★5

Tip.
반딧불이 종이접기, 야생동물 색칠하기 등 아이들의 눈높이에 맞는 체험 프로그램도 준비되어 있어 체험 현장으로 아이들을 데리고 가기 좋다.

청암면

하동호 Hadongho Lake

하동의 자연을 느낄 수 있는 곳. 데크길이 정비되어 있어 산책하기 좋으며, 정자가 곳곳에 마련되어 잠시 쉬어가기 좋다. 호수 가운데에는 소나무 두 개가 섬을 만들어 색다른 느낌을 줘 아름다운 배경으로 사진을 남기기 위해 여행객들이 걸음을 하고 있다. 사색하기 좋은 하동호를 따라 걸으며 하동의 자연을 느껴보자. 드라이브 코스로도 추천한다.

Ⓐ 경남 하동군 청암면 고래실길 3
Ⓜ Map → 3-★11

Tip. 회남재숲길 걷기 코스

1. 삼성궁 - 회남정 - 삼성궁 (12km)
2. 삼성궁 - 회남정 - 묵계초등학교 (10km)
3. 삼성궁 - 회남정 - 악양면 등촌리 청학 선사 (8km)

청암면

회남재숲길 Hoenamjae Forest Road

남명 조식 선생이 후학을 양성하던 산청 덕산에서 청학동을 거쳐 악양으로 가려다 발길을 돌려 되돌아갔다고 해 회남재라는 이름이 붙여진 곳. 사계절 아름다운 길로 조선 시대 이전에는 하동시장, 화개장터를 연결하는 산업 활동의 통로이자 주민들이 이용하던 길이었으며, 지금은 뛰어난 풍광을 즐기기 위해 많은 관광객이 찾는 명소가 되었다. 10월이면 회남재 일원에서 지리산 회남재 숲길 걷기 행사도 진행된다.

Ⓐ 경남 하동군 청암면 회남재 일원　Ⓜ Map → 3-★2

하동의 북쪽 끝에 자리한 청암면은 계곡 일대 푸른빛을 띤 바위가 많아 청암이라 불리게 되었다. 횡천면에서 청암으로 오는 첫 마을인 명호리, 맑은 계곡이 자리한 중이리와 상이리, 평촌리, 삼성궁, 도인촌, 청학동 등이 있는 묵계리까지. 자연과 예절의 고향이라 불리는 이곳에서 걷고, 느끼고, 경험하고, 먹어보자. 대중교통이 자주 있지 않으니 마을을 묶어서 여행하길 추천한다.

청암면

삼성궁
Samsunggung

Tip.
삼성궁에서는 1년에 한 번 울긋불긋한 가을이 되면 일반인에게 개방해 개천대제 행사를 연다.

우리 민족의 성조인 환인, 환웅, 단군을 모신 성전. 신비로움이 감싸고 있는 이곳은 길을 따라 높이 쌓인 돌탑과 3,333개의 솟대를 쌓아 성전을 이루었으며, 고조선 시대 천신에게 제사를 지내는 소도를 복원한 곳이다. 삼한 시대 천신께 제사 지내던 성지, 소도엔 일반 사람들의 접근을 금지하기 위해 높은 나무에 기러기 조각을 얹은 솟대로 표시를 했다. 최근에는 삼성궁 호수를 배경으로 찍은 사진이 SNS에 올라오면서 많은 여행객이 사진을 남기기 위해 찾고 있다. 삼성궁에서 내려오면 청학동에서만 맛볼 수 있는 대나무 통에 잡곡을 넣어 만든 대통밥이 있으니 꼭 맛보고 가길 바란다.

Ⓐ 경남 하동군 청암면 삼성궁길 2 Ⓣ 055-884-1279 Ⓗ 4월-11월 08:30-17:00, 12월-3월 08:30-16:30
Ⓟ 어른 7,000원, 청소년 4,000원, 어린이 3,000원 Ⓜ Map → 3-★1

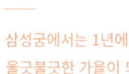

HADONG : HADONG-EUP & SOUTH

소박하지만 아름다운, 하동읍 & 남부

하동 남부는 화개 일대와 악양 일대처럼 유명한 관광지가 밀집되어 있지는 않지만, 하동에서만 볼 수 있는 특별하고 색다른 모습이 있다. 배로 10분 남짓 거리에 있는 하동 유일의 유인도인 대도마을과 청년들이 함께 만들어가는 공간 등 한적하지만 새로운 공간들을 만나볼 수 있다.

한려수도의 아름다운 바다를 내려다볼 수 있는 금오산, 그리고 윤슬이 보석처럼 빛나는 섬진강까지. 하동의 남부에서는 하동이 품고 있는 소박하지만 다른 지역에서는 찾아볼 수 없는 자연을 만날 수 있다.

적량면

양탕국커피문화마을
Yangtangguk Village

하동에는 녹차 외에도 커피문화를 경험해 볼 수 있는 곳이 있다. 일부 백성들 사이에서 친근하게 부르던 조선 시대 커피 명칭인 양탕국을 마실 수 있는 곳으로 마을에는 양탕국 한옥 카페관, 재래식 한옥 체험장, 로스팅 체험장, 양탕국커피문화교육원, 백합나무숲 산림욕장 둘레길 등이 있다. 커피문화마을에서 조선 시대의 커피를 직접 마시고 체험해 보자.

Ⓐ 경남 하동군 적량면 공드림재길 155
Ⓣ 010-4150-9470
Ⓗ 평일 10:30-17:30,
토요일, 공휴일 10:30-16:30 (일요일 휴무)
Ⓤ 양탕국.kr Ⓟ 사발양탕국 코스 15,000원
Ⓜ Map → 4-★4

Tip. 양탕국?

서양 '양(洋)', 끓일 '탕(湯)', 마실 거리의 '국'으로 서양에서 들어온 물건과 우리 것을 구분하기 위해 붙인 양에 탕국을 붙여 양탕국이다. 서양 탕국이란 의미로 일부 민간 백성들 사이 친근하게 부르던 조선 시대 커피 명칭이다.

> 적량면

지리산생태아트팜 Jirisan Art Farm

일상의 예술을 보여주는 자연예술 복합시설 커뮤니티. 아트스쿨, 아트센터, 미술관, 야외극장, 아트스트리트, 아트캠프 & 스테이, 레지던시 스쿨, 아트스테이 스쿨, 아트 마켓이 한데 모여 있어 예술을 향유할 수 있는 공간이다. 지리산에 자연과 문화예술이 공존하는 새로운 형태의 공간으로 자연예술의 미래를 이끌어 갈 작가들을 양성한다.

(A) 경남 하동군 적량면 동촌길 38-1 (T) 055-882-9637 (M) Map → 4-★18

> 하동읍

하동송림공원
Hadong Pine Forest

섬진강 백사장과 함께 백사청송(물가의 아름다운 경치)으로 알려진 천연기념물 제445호로 지정된 공원. 260여 년 동안 그 자리를 지켜온 소나무와 세월을 따라 계속 흘러가는 섬진강, 넓게 펼쳐진 백사장이 이곳에 온 사람들에게 평온함을 선사한다. 여름에는 물놀이장도 개장해 아이들과 함께 가족 나들이로 많이 방문한다.

(A) 경남 하동군 하동읍 섬진강대로 2107-8
(T) 055-880-2473
(M) Map → 4-★7

Plus. 섬진강 트레킹

하동송림공원을 비롯해 하동에는 걷기 좋은 곳들이 많다. 특히 섬진강을 따라 걸으면 마음이 편안해진다. 하동송림 -> 하동포구공원 -> 갈대밭 -> 선소소공원 코스를 따라 걷길 추천한다.

Plus. 섬진강습지공원

하동포구공원에서 약 2km 걸어 들어가면 드넓은 습지가 펼쳐진다. 나무 데크가 습지를 따라 깔려 있어 섬진강 바람을 맞으며 하동의 공기를 느끼기 좋다. 특히 가을이면 갈대밭 사이로 윤슬이 보석처럼 빛나 장관을 이뤄 가을에 하동 여행을 계획하고 있다면 꼭 들러보자.

> 하동읍

하동포구공원
Hadongpogu Park

섬진강 물길을 따라 이어진 공원. 보부상을 비롯한 외지인들이 배를 타고 바다를 거쳐 하동포구를 통해 하동으로 들어와 교역을 한 장소인 만큼 역사적으로 의미 있는 곳이다. 지금은 하동을 방문하는 관광객과 하동을 살아가는 사람들에게 쉼과 휴식을 선물하고 있다. 공원과 연결된 트레킹 코스와 대나무 숲길도 있어 걷기 코스로 새롭게 각광받고 있다.

(A) 경남 하동군 하동읍 목도리 47-59
(M) Map → 4-★10

Plus. 고하 버거앤카페 P.067

하동읍성에서 600m 내려오면 창고를 개조한 고하 버거앤카페가 등장한다. 이름에서 느껴지듯 수제 버거를 판매하는 곳. 바로 옆에는 고하 버거앤카페에서 운영하는 카페가, 맞은편으로 건너서 조금만 걸어가면 고하돈까스가 나온다. 모두 청년들이 운영하며, 고전면 고하리에서 찾아보기 힘든 트렌디한 공간으로 방문하는 사람들에게는 든든한 한끼를, 한적한 시골 마을에는 활기를 채워 넣어 준다.

Ⓐ 경남 하동군 금남면 중평리 825-1
Ⓜ Map → 4-R7

[고전면]

하동읍성 Hadongeupseong Walled Town

조선 태종 17년에 축성된 읍성. 산봉우리를 중심으로 벽을 쌓은 조선 전기 포곡식 석축성으로 해발 149m 양경산에 자리하고 있다. 길게 이어진 읍성을 따라 산책 코스가 연결되어 있어 걷기 좋다. 읍성 사이 나무와 함께 찍은 사진이 SNS에 알려지면서 연인들이 인생 사진을 남기기 위해 알음알음 찾고 있다.

Ⓐ 경남 하동군 고전면 하동읍성로 21-9
Ⓜ Map → 4-★12

Plus. 금오산 케이블카

해발 849m 금오산에 위치하여 한려해상국립공원의 다도해와 금오산 절경, 하동의 아름다운 자연을 한눈에 볼 수 있는 케이블카. 금오산 정상에서 금남면 중평리 청소년수련원 일원까지 연결되는 길이 2,556m, 10인승 캐빈으로 시간당 1,200여 명이 탈 수 있다.

Ⓐ 경남 하동군 금남면 중평리 825-1

[금남면]

금오산 Geumosan Mountain

남쪽으로는 한려수도의 아름다운 바다와 섬이, 북쪽으로는 지리산 주능선이 그림처럼 펼쳐지는 산. 해발 849m로 군사 시설로 사용되어 자연경관이 훼손되지 않아 아름다운 모습을 그대로 간직하고 있다. 일출 장소로 유명해 새해가 되면 금오산 일출을 보기 위해 많은 사람이 찾는다. 아시아 최장 짚와이어 탑승장과 스카이워크 등이 금오산에 위치해 있다.

Ⓐ 경남 하동군 금남면 경충로 493-223
Ⓜ Map → 4-★14

Plus. 알프스 하동 마켓

하동과 남해의 관광 정보를 알 수 있는 노량대교 홍보관 안에는 하동 특산물을 판매하는 하동 마켓도 있다. 하동의 여러 차뿐만 아니라 지리산 청정 공기가 담긴 지리에어, 하동 녹차로 만든 크리스피롤, 재첩국, 다기 등을 판매한다. 하동 마켓 맞은편에는 남해 마켓도 있으니 노량대교를 지나가는 길이라면 함께 둘러보길 추천한다.

금남면

노량대교 홍보관
Noryangdaegyo Bridge Exhibit Hall

세계 최초 경사주탑 현수교인 노량대교를 홍보하기 위해 세워진 곳. 높이 52m, 3.1km로 이순신의 학익진 전술을 모티브로 삼은 노량대교는 V자 모양 주탑이 8도의 경사각을 이루고 있다. 홍보관에는 노량대교에 관한 정보뿐만 아니라 하동의 여행지들도 함께 소개하고 있다. 전망대에 오르면 대교의 아름다운 풍경도 조망할 수 있다. 홍보관 내에는 하동 특산물을 활용한 상품도 판매하고 있다.

Ⓐ 경남 하동군 금남면 섬진강대로 61　Ⓜ Map → 4-★16

THEME

EXPERIENCE

오직 하동에서만

하동 전역에서 특색 있는 체험을 즐길 수 있다. 섬진강에서 즐기는 달마중 체험부터 갯벌에서 즐기는 조개 캐기와 돌미역, 파래 뜯기, 그리고 멸종 위기종인 반달가슴곰 탐방해설 프로그램까지. 오직 하동에서만 누릴 수 있는 색다른 매력을 몸소 느껴보자.

해뜰목장 체험 프로그램

1. 동물교감체험
송아지 우유 주기, 말 당근 주기, 양 사료 주기 등의 체험을 통해 동물과 직접 교감할 수 있다.

2. 아이스크림 체험
우유를 이용해 아이스크림을 만들어 보는 체험. 얼음과 소금을 이용한 흡열반응 등을 살펴보고, 우유의 올바른 섭취 방법도 함께 배울 수 있다.

3. 치즈 체험
우유를 이용해 치즈를 만들어 보는 체험. 세계 여러 나라의 치즈도 함께 알아볼 수 있다.

4. 피자 체험
직접 만든 치즈를 이용해 맛있는 피자를 만들어 볼 수 있다.

옥종면

해뜰목장 Haetteul Farm

푸른 언덕에서 동물들과 교감할 수 있는 목장. 말과 양, 염소, 당나귀, 젖소 등 동물들에게 먹이 주기 체험, 우유를 이용한 아이스크림, 치즈, 피자 만들기 체험 등 프로그램이 다양하다. 만든 음식은 그 자리에서 바로 맛볼 수 있어 아이들에게 재미와 함께 유익한 시간을 선사한다.

Ⓐ 경남 하동군 옥종면 양구1길 31-108
Ⓣ 010-4056-4795
Ⓤ farmgw.kr
Ⓘ @hae_tteul_farm
Ⓟ 통합체험 25,000원 (예약제)
Ⓜ Map → 3-★13

금남면

대도어촌 체험 마을
Daedo Fishing Village

섬진강 하구에 위치한 어촌 체험 마을. 300여 년의 역사와 전통을 가진 하동의 유일한 유인도로 해산물이 풍부해 조개를 잡는 갯벌 체험, 돌미역, 파래 뜯기 등의 체험을 할 수 있다. 우천 시에는 체험이 진행되지 않으며, 물 때 시간을 잘 맞춰 체험 신청을 해야 한다. 섬 안에는 숙박 시설도 여럿 있어 섬 안에서 하룻밤 묵고 가도 좋다.

Ⓐ 경남 하동군 금남면 대도리 98　Ⓣ 010-2578-3148
Ⓗ 예약제 (월요일 휴무)　Ⓤ daedovillage.modoo.at
Ⓟ 조개 캐기 성인 5,000원, 7세 이하 4,000원　Ⓜ Map → 4-★17

Tip.
총 2시간 정도 구성된 프로그램으로 토요일에 운영이 된다. 달마다 진행되는 날짜가 다르니 사이트를 통해 꼭 확인하고 신청하길 바란다.

화개면

의신 베어빌리지
Uisin Bear Village

청정한 지리산 자락에 자리 잡은 마을로 멸종 위기종인 반달가슴곰의 탐방체험을 할 수 있는 유일한 곳이다. 생태학습장에는 천연기념물, 멸종 위기 동물로 지정된 반달곰 산이, 강이가 살고 있으며, 직접 관찰하고 먹이 주는 체험을 할 수 있다. 반달가슴곰 생태학습장 외에도 서산대사 옛길, 지리산 역사관 등 볼거리가 다양하다. 도심의 일상에서 벗어나 의신마을에서 지리산 청정 자연을 맘껏 취해보길 바란다.

Ⓐ 경남 하동군 화개면 화개로 1405-4　Ⓣ 055-883-3580
Ⓗ 3월 중순-12월 중순 1일 2회 11:00, 14:00, 예약제 (월요일 휴무)
Ⓤ bearvillage.co.kr　Ⓟ 탐방해설 3,000원　Ⓜ Map → 2-★3

악양면

섬진강 평사리 달마중
Seomjingang River Viewing the Moon

매월 보름달이 뜨는 밤, 평사리 섬진강 백사장에서 진행되는 야간 체험. 달빛산책, 강강술래, 배 띄우기, 음악회 등 다양한 프로그램이 구성되어 있다. 달 조명, 돗자리, 종이배 등으로 구성된 달마중 키트를 대여해 섬진강변에서 보름달처럼 밝은 밤을 보내보자. 연인과 함께해도 좋고, 가족과 시간을 보내기에도 좋다. 한국관광공사 야간관광 100선에 선정됐다.

Ⓐ 경남 하동군 악양면 평사리 77　Ⓣ 055-883-6544
Ⓤ nolluwa.co.kr　Ⓟ 달마중 키트 20,000원　Ⓜ Map → 3-★10

THEME

ACTIVITY

오감 만족, 액티비티

아시아 최장 짚와이어부터 섬진강을 누벼볼 수 있는 카누,
사계절 아름다운 꽃들과 함께 달릴 수 있는 레일바이크까지.
하동을 즐길 수 있는 방법은 다양하다. 이제 하동의 아름다운
자연을 오감으로 느껴볼 시간이다.

금오산 액티비티

스카이워크, 케이블카, 짚와이어 외에도 짜릿한 액티비티를 즐길 수 있는 체험이 많다. 하동알프스레포츠에서 운영하는 번지점프의 짜릿함과 바이킹의 스릴을 동시에 느낄 수 있는 빅스윙, 가상체험 VR 등이 있다.

1. 짚와이어
출발지 (금오산 정상) → 환승지 1 → 환승지 2 → 도착지
· 출발지 → 환승지 1
732m로 금오산 정상에서 환승지 1까지 120km/h 속력으로 시원하게 내려갈 수 있다.
· 환승지 1 → 환승지 2
1,487m로 푸른 계곡과 산 위를 날 수 있다.
· 환승지 2 → 도착지
967m로 감춰졌던 수려한 다도해를 다시 눈으로, 온몸으로 느끼고 감상할 수 있다.

2. 빅스윙
바이킹과 번지점프의 짜릿함을 동시에 느낄 수 있는 빅스윙. 직접 줄을 잡아당겨 중력을 이용해 나는 놀이 기구로 새로운 재미를 선사한다.

3. VR
다른 체험이 무섭다면 VR을 체험해 보자. 어두운 동굴 속에서 괴물을 물리치는 슈팅 게임인 블랙배지와 하늘을 날아다니는 느낌을 주는 비행 슈팅 어트랙션 플라잉젯 등이 있다.

금오산

금오산 스카이워크 Geumosan Skywalk

하동알프스레포츠 짚와이어와 마찬가지로 금오산에 자리한 스카이워크. 하동 절경을 색다른 방식으로 느끼고 싶다면 금오산 스카이워크를 추천한다. 유리로 된 하늘길은 아찔한 경험을 선사한다. 날씨가 좋지 않은 날에는 개방이 제한될 수 있으니 날씨를 확인하고 오자. 금오산 스카이워크까지 차를 몰고 올라갈 수 있다.

Ⓐ 경남 하동군 금남면 중평리 825-1   Ⓗ 매일 09:00-18:00   Ⓜ Map → 4-★14

금오산

하동알프스레포츠 짚와이어
Hadong Alps Leports Zip Wire

해발 849m 금오산 정상에 자리한 아시아 최장 짚와이어. 최고 시속 120km/h, 길이 3.420km로 하동의 풍광이 눈앞에서 파노라마처럼 펼쳐지는 짜릿한 경험을 할 수 있다. 일상의 스트레스를 날리고 싶다면 이곳에 방문해 짚와이어를 꼭 타보도록 하자.

Ⓐ 경남 하동군 금남면 경충로 493-37   Ⓣ 055-884-7715
Ⓗ 3월-10월 08:30-17:10, 11월-2월 08:30-15:55
Ⓤ hdalps.or.kr
Ⓟ 성인 평일 40,000원, 주말 45,000원, 청소년 평일 35,000원, 주말 40,000원, 어린이 평일 30,000원, 주말 35,000원
Ⓜ Map → 4-★15

Tip. 구재봉 자연휴양림 내 액티비티

구재봉 자연휴양림 내에는 다양한 레포츠 시설이 마련되어 있다. 스카이짚, 모노레일, 에코어드벤처 등이 있으며, 에코어드벤처의 경우 성인 코스와 어린이 코스가 나누어져 있다. 체험마다 키, 몸무게 제한이 있으니 확인 후 이용하길 바란다.
ⓟ 스카이짚 (왕복) 20,000원, 모노레일 3,000원, 에코어드벤처 (성인 코스) 15,000원, 에코어드벤처 (어린이 코스) 10,000원

옥종면

하동편백자연휴양림
Hadong Recreation Forest

피톤치드 가득한 20여만 그루의 편백나무가 빽빽하게 늘어선 휴양림으로 2020년 여름 개장했다. 휴양림 내에는 숲길이 여러 갈래 이어져 있어 산책하기 좋으며, 마음의 소리 방, 마음 쉼표의 방, 치유의 방, 발걸음의 방 등 휴식과 명상을 할 수 있는 공간이 마련되어 있다. 숙소 시설 또한 갖추고 있어 하동 자연 속에서 잠시 쉬어가기 좋다.

Ⓐ 경남 하동군 옥종면 돌고지로 1088-51
Ⓣ 070-8994-0717　Ⓤ okjong.foresttrip.go.kr
Ⓟ 성인 1,000원, 청소년 600원, 어린이 300원
Ⓜ Map → 3-★12

적량면

구재봉 자연휴양림 Gujaebong Recreation Forest

바쁜 일상에서 벗어나 힐링하는 시간을 가질 수 있는 자연휴양림. 지리산 자락을 따라 우거진 숲 안에 자리하고 있으며, 삼화저수지, 야생 녹차밭, 천왕봉을 비롯한 능선들을 조망할 수 있다. 휴양림 내에는 다양한 레저시설과 휴양관, 숲속의 집 등 편의시설을 두루 갖추고 있어 남녀노소 모두 즐길 수 있는 곳이다.

Ⓐ 경남 하동군 적량면 중서길 60-81　Ⓣ 070-8855-8011
Ⓤ foresttrip.go.kr/indvz/main.do?hmpgId=ID02030072　Ⓜ Map → 4-★1

화개면

섬진강 카누
Seomjingang River Canoe

섬진강을 따라 굽이굽이 흐르는 물살을 가로지르며 액티비티한 체험을 할 수 있는 섬진강 카누. 화개장터를 도는 원점 코스, 화개장터, 피아골, 궁도장을 도는 배틀 코스, 화개에서 시작해 평사리에서 끝나는 3시간 이상의 종일 코스가 있다. 연인과 함께한다면 원점 코스를, 아이, 친구와 함께한다면 배틀 코스를 추천한다. 2명 이상이 되어야 신청할 수 있다.

Ⓐ 경남 하동군 화개면 탑리 720-4　Ⓣ 010-3526-8045
Ⓤ hadongplay.com
Ⓟ 원점 코스 25,000원, 배틀 코스 35,000원, 종일 코스 70,000원
Ⓜ Map → 2-★7

북천면

하동레일바이크 Hadong Rail Bike

북천역에서 양보역까지 5.2km를 달릴 수 있는 풍경 열차. 열차를 타고 양보역으로 이동 후 그곳에서부터 레일바이크를 타고 돌아오는 코스다. 철로를 따라 사계절 내내 아름다운 꽃들이 피어 있어 남녀노소 자연과 함께 시원함을 만끽할 수 있다. 특히 조명이 설치된 1.2km 터널은 빛나는 추억을 선물한다.

Ⓐ 경남 하동군 북천면 경서대로 2446-3　Ⓣ 055-882-2244
Ⓗ 3월-11월 09:30-17:30, 12월-2월 09:30-16:00　Ⓤ hdrailbike.com
Ⓟ 2인승 35,000원, 4인승 40,000원 (예약제)　Ⓜ Map → 4-★2

01
CAFE HOPPING : 카페 호핑

02
DESSERT & BAEKERY : 달달한 여행, 디저트 & 베이커리

03
HADONG LOCAL FOOD : 하동 로컬 음식

04
HADONG MARSH CLAM : 하동 재첩 음식

05
CHICKEN & DUCK MEAT : 쫄깃한 닭 & 오리고기

06
LOCAL RECOMMENDATION : 로컬도 반한 맛집

07
KOREAN BEEF : 입에서 사르르 녹는 한우

08
HADONG INN & LIQUOR : 옛 감성, 하동 주막 & 술

EAT UP

산과 바다, 강에서 난 다양한 식자재를 바탕으로 건강한 먹거리가 발달한 하동.
섬진강에서 채취한 재첩국 맛집부터 로컬들이 사랑한 식당, 녹차를 활용한 음식점까지.
하동에서만 만날 수 있는 미식의 세계로 여행을 떠나보자. 분위기 좋은 카페는 덤.

CAFE HOPPING : 카페 호핑

CAFE HOPPING
카페 호핑

푸른 정원을 끼고 있는 카페부터 비밀의 정원에 온 것 같은 카페까지. 평화로운 하동의 분위기에 맞춰 곳곳에 카페가 생겨나고 있다. 그중 주인장의 개성이 담긴 카페들을 꼽아보았다. 이제 카페 호핑을 떠날 시간이다.

1 Planet1020

비밀의 정원에 들어선 것 같은 카페. 카페에 들어서면 초록 초록한 풀들과 앤티크 가구들이 동화 속에 온 것 같은 기분을 느끼게 한다. 작은 소품 하나하나 주인장의 손길이 느껴지는 곳으로 아늑한 느낌을 준다. 인테리어만큼 커피 맛도 좋다. 야외에 있는 온실은 SNS 핫플레이스이니 사진을 꼭 남기도록 하자. 반려견 동반 출입이 가능하다.

Ⓐ 경남 하동군 화개면 쌍계로 318
Ⓣ 070-4238-9545
Ⓗ 화일 12:00-19:00 (월요일 휴무)
Ⓘ @planet1020_official
Ⓟ 클래식 카푸치노 5,500원
Ⓜ Map → 2-C3

2 우주총동원

미스터트롯에 출연한 가수 정동원의 팬클럽 이름을 따서 지어진 카페. 정동원 가족이 운영하는 곳으로 1, 2층은 카페, 3층은 주거 공간으로 나누어져 있다. 커피, 에이드, 티 등을 판매하며, 직접 만든 베이커리도 맛볼 수 있다. 본 건물 옆에는 가수 정동원의 사진과 물건이 전시된 공간과 지역 특산품, 굿즈를 판매하는 기념품 숍도 있어서 팬들에게 기억에 남는 장소가 될 것이다.

Ⓐ 경남 하동군 진교면 구고속도로 392 Ⓗ 매일 09:30-19:30
Ⓘ @j_d_w_cafe Ⓟ 아메리카노 4,500원 Ⓜ Map → 4-C1

3 카페 녹음

녹색으로 물든 차밭, 푸르른 하늘, 싱그러운 나무들까지. 하동의 아름다운 자연 경관을 모두 담고 있는 곳이다. 대나무숲을 지나 카페로 들어서면 출입구 벽 전체가 열려있어 시원하고 상쾌한 기분을 선사한다. 아메리카노, 티라미수 라떼, 흑당 슈페너, 치즈피치아이스티, 자몽티 등 다양한 음료 메뉴가 있으며, 날씨가 좋은 날에는 밖에서 음료를 마시며 인생 사진을 남겨보자.

Ⓐ 경남 하동군 고전면 구고속도로 263-15
Ⓣ 010-4116-1570
Ⓗ 매일 11:00-19:00
Ⓟ 아메리카노 6,000원
Ⓜ Map → 4-C2

4 더로드101

하동 십리벚꽃길 끝자락에 자리한 더로드101. 넓고 푸르른 정원과 유리로 된 건물이 발걸음을 멈추게 한다. 하동 화개의 향기를 판다는 이곳은 수확, 제철, 개화 시기에 맞춰 원두, 과일, 꽃 음료가 달라져 계절마다 새로운 음료를 맛볼 수 있다. 음료 외에 디저트 종류도 다양해 간단한 요깃거리를 할 수 있다. 하동 특산품도 판매하니 커피 한 잔 후 천천히 둘러보고 가길 바란다.

Ⓐ 경남 하동군 화개면 화개로 357 Ⓣ 070-4458-4650
Ⓗ 일-금 10:00-20:00, 토요일 10:00-21:00 Ⓘ @theroad101
Ⓟ 지리산라떼 7,500원 Ⓜ Map → 2-C1

5 브릿지130

평화로운 분위기를 자아내는 시골 뷰 카페. 밑으로는 화개천이, 앞으로는 차밭과 산이 어우러져 하동의 계절을 눈으로 담을 수 있는 공간이다. 이곳이 사람들에게 사랑받는 또 다른 이유는 핸드드립으로 내려주는 커피의 맛. 이외에도 라테, 차 등의 음료와 디저트가 있다. 넓은 야외에는 반려견 출입도 가능하니 반려견과 여행 왔다면 같이 가도 좋다.

Ⓐ 경남 하동군 화개면 화개로 334 Ⓣ 055-882-1735
Ⓗ 목-월 10:00-19:00 (화, 수요일 휴무) Ⓘ @cafe_bridge130
Ⓟ 핸드드립 6,000원 Ⓜ Map → 2-C2

DESSERT & BAEKERY
달달한 여행, 디저트 & 베이커리

하동 맛집들로 배를 채웠다면, 이제 후식 배를 채울 차례. 여행에서 그 지역, 그곳의 달달한 디저트가 빠지면 앙꼬 없는 찐빵을 먹은 거처럼 아쉽다. 당신의 여행을 달달하게 채워줄 디저트, 베이커리 카페들을 소개한다.

1 양보제과

한적한 시골마을 숲속에 숨어있는 작은 베이커리 카페. 매장 안으로 들어서면 빵 굽는 냄새가 솔솔 풍긴다. 양보면에서 생산된 팥을 삶아 만든 양보팥빵, 직접 수확한 밤으로 만든 소보로밤빵 등 주인장이 손수 만든 빵들이 어느 하나 빠짐없이 맛있다. 빵 나오는 시간이 다 다르니 먹고 싶은 빵이 있다면 전화 후 방문하자. 카페 내에는 음료도 판매해 빵과 함께 먹으며 조용한 시간을 보내고 가기 좋다.

Ⓐ 경남 하동군 양보면 진양로 1085-17　Ⓣ 010-9992-5593
Ⓗ 화-금 11:00-21:00, 토 11:00-19:00 (일, 월요일 휴무)　Ⓘ @yangbo_bakerycafe
Ⓟ 양보팥빵 3,500원, 소보로밤빵 3,600원　Map → 4-D2

2 알프스 밀밭

동화 속에 온 것 같은 이곳은 창밖으로 밀밭이 펼쳐지는 카페이다. 로컬들의 참새방앗간이기도 했던 카페는 SNS로 입소문을 타면서 이를 배경으로 사진 찍기 위해 사람들이 알음알음 찾게 됐다. 내부는 레트로한 느낌으로 꾸며져 아늑한 느낌을 준다. 대추차, 생강차, 돌배차 등 여러 차 종류를 마실 수 있다. 우리 밀로 만든 와플도 있으니 차와 함께 먹으며 이곳에서 여유를 즐기길 바란다.

Ⓐ 경남 하동군 북천면 경서대로 2021-4　Ⓣ 010-9882-9569
Ⓗ 수-월 11:00-18:00 (화요일 휴무)
Ⓟ 대추차 5,000원　Ⓜ Map → 4-D1

 3 평사리의 아침

숲속을 그대로 축소해서 가져놓은 듯한 카페. 올라서는 길목에 들어서면 세상과 동떨어진 느낌이 드는 조용한 곳이다. 내부도 외부의 느낌과 마찬가지로 아기자기하게 꾸며져 있다. 인테리어에 맞춰 메뉴가 많지는 않지만 모두 주인장의 정성이 들어갔다. 특히 화덕으로 구운 빵과 피자는 이곳에서만 맛볼 수 있는 메뉴. 오미자차와 식혜 등 음료도 주인장이 모두 직접 만든다.

Ⓐ 경남 하동군 악양면 대촌길 46-14
Ⓣ 055-883-3205   Ⓗ 전화 문의   Ⓟ 화덕빵 7,000원
Ⓜ Map → 3-D2

 4 밤톨

베이지, 브라운 외관이 눈에 띄는 베이커리 카페이다. 세련된 외관만큼 내부도 좌석이 많지는 않지만 깔끔하다. 마들렌, 쿠키, 파운드케이크 등 다양한 디저트를 판매하며, 그중에서도 하동 밤을 이용한 이곳의 시그니처 메뉴 밤파이가 인기 메뉴. 겉바속촉으로 밤의 고소함을 느낄 수 있어 선물로도 많이 사간다. 커피, 에이드, 지리산 말차쉐이크 등 음료 종류도 함께 판매한다.

Ⓐ 경남 하동군 화개면 화개로 17-1   Ⓣ 055-883-8999
Ⓗ 10:00-18:00, 휴무일 SNS 확인   Ⓘ @bamtol.cafe
Ⓟ 밤파이 SET 14,800원   Ⓜ Map → 2-D1

HADONG *Special*
Local Food

하동 로컬 음식

청정 자연을 품은 자연에서 채취한 재료들로 요리를 만들어 손님들에게 대접하는 하동. 섬진강에서 채취한 벚굴, 민물참게로 만든 참게탕, 녹차를 활용한 한정식, 오리구이, 막걸리까지. 하동에서 건강한 한 끼를 먹어보자.

녹차 막걸리

국내산 쌀과 호동 녹차로 빚은 녹차 막걸리. 녹차를 상징하는 초록색 페트병으로 하동에서 흔하게 볼 수 있지만 다른 지역에서는 보기 힘들다. 녹차 맛이 강하게 느껴지지는 않으며 깔끔하고 끝맛이 쌉싸름하다.

닭 숯불구이

참숯을 이용한 닭 숯불구이. 화개장터에 오면 꼭 먹어봐야 할 음식 중 하나인 닭 숯불구이는 주인장이 직접 참숯으로 닭을 구워준다. 우리가 평소 먹는 치킨보다 크기가 크며, 쫄깃한 식감과 담백한 맛으로 남녀노소 모두 맛있게 먹을 수 있다.

녹차 한정식

Plus. 찻잎마술 p.073
하동의 향토음식과 사찰음식, 녹차를 활용한 음식을 먹을 수 있는 곳이다.
ⓐ 경남 하동군 화개면 화개로 519   ⓜ Map → 2-R2

차 시배지인 만큼 녹차를 활용한 요리를 곳곳에서 맛볼 수 있다. 찻잎, 차꽃, 차씨로 다양한 양념을 제조해 음식을 만든다. 통삼겹살에 녹차 소스, 녹차 효소를 넣고 졸인 음식과 녹차씨 오일 등으로 표고버섯, 마늘을 곁들인 덮밥 등 특별한 메뉴를 맛보길 바란다.

벚굴

굴의 한 종류로 강바닥에 붙어있는 모양이 벚꽃과 비슷하기도 하고, 벚꽃이 피고 지는 4월이 제철이라 벚굴이라고 불린다. 섬진강에서 주로 채취하는 벚굴은 하동 식당 곳곳에서 맛볼 수 있으며, 일반 굴의 10배 크기에 달한다.

녹차 양념 오리구이

녹차 양념 오리구이

녹차를 가루로 내어 생오리에 재운 후 구워 먹는 녹차 양념 오리구이. 녹차, 생강, 마늘 등이 양념으로 들어가 다른 양념 오리구이와 달리 매운맛이 돌며 부드럽다. 고기를 다 먹고 난 후 볶음밥은 필수.

대롱밥

청학동을 대표하는 음식. 대롱밥은 지리산 일대에서 흔하게 자라는 대나무를 대통으로 잘라 그 통 속에다 잡곡을 넣고 압력솥에 쪄낸 밥이다. 지역에 따라 대통밥, 죽통밥, 대나무밥이라고도 불리며, 밥에서 은은한 대나무 향이 나는 것이 특징이다.

Plus. 성남식당

청학동에 위치한 식당으로 하동의 향토음식을 맛볼 수 있다. 이곳의 인기 메뉴는 대나무로 쪄낸 대통밥으로 갖가지 나물들로 차려진 건강한 한 끼를 맛볼 수 있다. 다만, 대통밥은 주문 후 찌기 때문에 1시간 전 예약 필수. 삼성궁과 차로 5분 거리에 있어 주문 후 삼성궁을 다녀와도 좋다.

Ⓐ 경남 하동군 청암면 청학동길 15-18
Ⓣ 055-882-8757
Ⓗ 매일 08:00-20:30
Ⓟ 대통밥 1인 13,000원
Ⓜ Map → 3-R5

참게탕

된장을 풀어 팔팔 끓인 물에 섬진강 주변에서 잡힌 민물참게, 무, 호박, 토란줄기, 고사리를 넣고 끓인 탕. 과거부터 섬진강 주변에서 잘 잡히는 참게는 특히 가을철 살이 통통하게 올라온다. 담백하고 고소하며, 소화가 잘되어 남녀노소 모두에게 좋은 음식이다.

Plus. 코보네맛집

쌍계사 입구를 지나기 전 만날 수 있는 식당으로 참게, 재첩, 은어, 산채 전문점이다. 산채더덕정식, 은어회, 재첩회, 메기탕, 다슬기탕 등 모든 메뉴가 맛있지만, 특히 참게탕이 맛있다. 국물 맛이 얼큰하면서도 참게의 고소함이 씹으면 배로 느껴져 밥 메뉴로도 좋지만, 해장으로도 제격이다.

Ⓐ 경남 하동군 화개면 석문길 7
Ⓣ 055-883-5077
Ⓗ 매일 09:00-20:00
Ⓟ 참게탕 40,000원
Ⓜ Map → 2-R8

HADONG *Special*
Marsh Clam

> **Tip. 섬진강의 재첩**
>
> 하동에서 갱조개라고도 불리는 재첩은 우리나라 전역에서 서식하고 있지만, 국내 재첩 생산량의 70% 이상이 섬진강에서 나온다. 그중에서도 하동이 재첩 채취 면적 75ha로 최대 산지로 손꼽힌다. 2018년 11월에는 하동, 광양 섬진강에서 어업인이 직접 '거랭이'라 부르는 손들 도구를 이용해 채취하는 방식인 '재첩잡이 손들어업'이 국가중요어업유산으로 등재되었다.

하동 재첩 음식

하동을 대표하는 요리 '재첩국'. 섬진강에서 채취한 신선한 재첩은 재첩국뿐만 아니라 회, 비빔밥 등 다양한 요리로 하동의 식탁에 올라온다. 하동 어느 곳을 방문해도 재첩요리는 실망하지 않으니 망설이지 말고 하동 재첩 식당의 문을 두드려보자.

재첩비빔밥

재첩비빔밥

재첩비빔밥 역시 재첩국 못지않게 사랑받는 음식이다. 섬진강에서 잡은 재첩과 갖가지 채소들과 밥이 들어가 아삭하면서, 매콤한 양념으로 인해 그 맛을 더욱 돋운다. 대부분의 식당에서 재첩국과 함께 세트 메뉴로 판매하니 함께 맛보길 바란다.

> **Plus. 하동재첩특화마을**
>
> 하동읍 신기리에 위치한 재첩 전문 식당들이 모여있는 곳이다. 2009년 하동 재첩을 알리기 위해 만들어 졌다. 이곳에서는 재첩국, 재첩비빔밥, 재첩회, 재첩칼국수 등 재첩을 활용한 요리를 맛볼 수 있다. 재첩 식당이 많아 어디로 가야 할지 고민된다면 하동재첩특화마을로 들어가 보자.
>
> Ⓐ 경남 하동군 하동읍 섬진강대로 1877
> Ⓜ Map → 4-R13

재첩전

재첩전

밀가루 반죽에 재첩, 부추, 당근, 양파, 고추 등 여러 재료를 넣어 기름에 지진 음식. 바삭하고 노릇하게 구워진 재첩전은 밥반찬뿐만 아니라 안주로도 제격이다. 가게마다 내어주는 소스 맛이 조금씩 다르니 소스에 꼭 찍어 먹자.

재첩국

하동 하면 가장 먼저 떠오르는 음식, 재첩국. 섬진강에서 채취한 재첩을 넣고 끓인 국으로 맑은 국물이 특징이다. 향긋한 부추가 더해져 더 맛있게 먹을 수 있다. 비타민, 아미노산 등이 함유되어 있어 해독작용에 좋으며, 시원하고 고소해 숙취 해소에 최고이다.

재첩국

재첩회무침

쫄깃하고, 부드러운 재첩과 각종 채소에 고춧가루, 과일 등으로 만든 수제 양념장이 버무려진 음식. 재첩의 식감과 맛이 살아있으며, 새콤달콤해 없어진 입맛도 돌아오게 만든다. 하얀 쌀밥 위 재첩회무침을 올려 먹어도 맛있다.

재첩회무침

Plus. 섬진강재첩체험마을

썰물 때면 섬진강변에서 재첩을 건져낼 수 있다. 얕은 물가에서 살아있는 재첩을 직접 채취해 볼 수 있으며, 섬진강의 생태에 대해 눈으로 보고, 만질 수 있어 아이들과 함께 체험학습하기도 좋다.

Ⓐ 경남 하동군 고전면 선소길 38-21 Ⓣ 055-884-1080
Ⓤ seomjinfarm.co.kr Ⓜ Map → 4-★19

재첩 맛집 LIST

1. 원조강변할매재첩회식당
Ⓐ 경상 하동군 고전면 재첩길 286-1
Ⓣ 055-882-1369 Ⓗ 매일 08:00-20:00

2. 이화가든
Ⓐ 경남 하동군 하동읍 섬진강대로 2507
Ⓣ 055-884-0075 Ⓗ 매일 09:00-20:00

3. 하동원조할매재첩식당
Ⓐ 경남 하동군 하동읍 섬진강대로 1686
Ⓣ 055-884-1034

4. 돌팀이횟집
Ⓐ 경남 하동군 하동읍 섬진강대로 2576
Ⓣ 055-883-5523 Ⓗ 매일 10:00-23:00

5. 섬진강횟집
Ⓐ 경남 하동군 하동읍 섬진강대로 2539-8
Ⓣ 055-883-5527 Ⓗ 매일 08:30-21:00

6. 동흥식당
Ⓐ 경남 하동군 하동읍 경서대로 94
Ⓣ 055-883-8333 Ⓗ 매일 08:30-19:30

7. 금양가든
Ⓐ 경남 하동군 하동읍 섬진강대로 1877
Ⓣ 055-884-1580 Ⓗ 매일 09:00-21:00

8. 하옹촌
Ⓐ 경남 하동군 하동읍 섬진강대로 1877
Ⓣ 055-883-8261 Ⓗ 매일 08:00-20:00

9. 황금재첩식당
Ⓐ 경남 하동군 화개면 섬진강대로 3915
Ⓣ 055-883-9092 Ⓗ 매일 09:30-19:00

10. 여여식당
Ⓐ 경남 하동군 하동읍 경서대로 92
Ⓣ 055-884-0080 Ⓗ 매일 08:00-20:00

11. 나루터식당
Ⓐ 경남 하동군 고전면 재첩길 286
Ⓣ 055-882-1370 Ⓗ 매일 07:30-19:00

12. 혜성식당
Ⓐ 경남 하동군 화개면 화개로 48
Ⓣ 055-883-2140
Ⓗ 매일 09:00-20:00

13. 설송식당
Ⓐ 경남 하동군 화개면 화개로 6-1
Ⓣ 055-883-1866 Ⓗ 매일 09:00-20:00

CHICKEN & DUCK MEAT : 쫄깃한 닭 & 오리구이

CHICKEN & DUCK MEAT
쫄깃한 닭 & 오리구이

녹차가 유명한 하동인 만큼 녹차 양념을 이용한 오리구이부터 커다란 닭 한 마리를 숯에 구워주는 닭구이까지. 하동에서 오리구이와 닭구이는 빠질 수 없는 음식이다. 쫄깃한 닭과 오리고기를 맛볼 수 있는 맛집들을 소개한다.

1 보람황토방산장

커다란 토종닭을 참숯에 구워 먹을 수 있는 곳이다. 원래 로컬에게 사랑받던 이곳은 입소문이 나 관광객, 주민 할 것 없이 많은 이가 찾는 곳이 되어 예약을 하고 방문해야 기다리는 시간을 줄일 수 있다. 주인장이 숯불을 직접 피워 자리로 가져다주며, 손님이 많이 없을 때는 구워주기도 한다. 직접 숙성한 양념이 잘 벤 닭 숯불 구이와 밑반찬으로 나오는 장아찌, 묵은지와 함께 싸 먹으면 닭 한 마리가 순식간에 사라지는 경험을 할 수 있다.

Ⓐ 경남 하동군 화개면 쌍계로 537
Ⓣ 055-883-0523
Ⓟ 닭 숯불 구이 1마리 60,000원   Ⓜ Map → 2-R6

2 여명가든

녹차가 유명한 하동에 오면 꼭 먹어봐야 할 녹차오리구이 맛집. 8년간 가게를 운영한 주인장의 정성과 노하우가 들어간 녹차오리구이는 녹차, 생강, 마늘 등의 양념이 버무려져 맛있게 매운맛이 돈다. 감자와 함께 익혀 먹으면 금상첨화. 녹차오리구이 반 마리만도 주문할 수 있으니 2인이 방문한다면 반 마리에 볶음밥을 추가해서 먹길 추천한다.

Ⓐ 경남 하동군 악양면 성두길 11-3   Ⓣ 055-883-5292
Ⓗ 매일 11:30-20:30 (브레이크타임 15:00-17:00)
Ⓟ 녹차오리구이 한 마리 49,000원, 반 마리 32,000원
Ⓜ Map → 3-R2

3 늘봄산장

오리고기 전문점이다. 하동에서 오리고기하면 손꼽히는 집으로 유황오리, 오리생고기, 오리불고기 등 오리를 활용한 다양한 음식을 선보인다. 유황오리를 시키면 마지막에 나오는 죽이 별미. 어느 메뉴를 시켜도 실망하지 않으니 입맛에 맞게 시켜보자. 직접 담근 갓김치 등 밑반찬도 맛있다. 오리고기 외에도 닭백숙, 옻닭, 닭도리탕 등이 있다.

Ⓐ 경남 하동군 적량면 한옥정길 8 Ⓣ 055-884-6757
Ⓗ 매일 11:00-21:00 Ⓟ 유황오리 45,000원, 오리고기 40,000원
Ⓜ Map → 4-R5

4 모암휴게소

토종닭 요리 전문점. 토종닭백숙, 닭도리탕, 옻닭 등 모든 메뉴가 인기 있지만 그중 가장 인기 많은 메뉴는 닭 숯불 구이다. 숯불 위에 올려진 닭고기를 오랫동안 두면 타기 때문에 자주 뒤집어 가면서 구워야 쫄깃한 닭고기를 먹을 수 있다는 사장님의 팁. 가을, 겨울이면 뜨끈한 닭국도 맛볼 수 있으니 쌀쌀해진 날씨에 하동을 방문한다면 시즌 메뉴인 닭국을 맛봐도 좋다.

Ⓐ 경남 하동군 화개면 화개로 737
Ⓣ 055-883-0521 Ⓗ 매일 11:00-21:00
Ⓟ 닭숯불구이 60,000원 Ⓜ Map → 2-R1

5 범바구집

호암마을 입구에 자리한 토종닭 요리 전문점. 옻닭, 오리백숙, 닭도리탕 등 다양한 메뉴가 있어 고민이 된다면 닭국을 추천한다. 큰 토종닭을 먹기 좋게 조각내, 무, 고추 등을 넣어 푹 끓여 낸 음식으로 얼큰하면서도 시원하다. 4인분 양으로 음식을 만드는 시간이 있으니, 1시간 전에는 예약을 하고 방문해야 한다.

Ⓐ 경남 하동군 하동읍 범바위길 1 Ⓣ 055-882-7359 Ⓗ 매일 11:00-21:00
Ⓟ 닭국 45,000원 Ⓘ @hadong_bumbagoo_house Ⓜ Map → 4-R12

Plus. 계곡식당

시원한 계곡에 발을 담그며 닭백숙을 먹을 수 있는 곳이 하동에 몇 곳 있다. 더운 여름 계곡 위 평상에서 닭백숙을 먹고 있으면 지상낙원이 따로 없다. 다만, 계곡 평상의 경우 더운 여름 시즌에만 운영하니 전화로 확인 후 방문길 바란다.

1. 신진식당

푹 삶은 백숙과 깔끔한 밑반찬을 같이 먹고 있으면 죽도 가져다준다. 다만, 평상 이용 시간이 3시간으로 정해져 있다.

Ⓐ 경남 하동군 화개면 석문길 12 Ⓣ 055-883-2135
Ⓟ 촌닭백숙 60,000원 Ⓜ Map → 2-R5

2. 신흥식당

신진식당 바로 옆에 위치한 신흥식당. 김치와 찹쌀이 들어간 닭백숙이 꿀맛이다. 계곡 자리도 신진식당 바로 옆에 있다.

Ⓐ 경남 하동군 화개면 석문길 16 Ⓣ 055-883-1718
Ⓟ 토종닭백숙 시가 Ⓜ Map → 2-R5

3. 동정산장

물에 발을 담그기는 싫지만, 계곡을 보고 음식을 먹고 싶다면 동정산장을 추천한다. 야외 테이블 바로 옆 계곡이 있다.

Ⓐ 경남 하동군 화개면 화개로 796 Ⓣ 055-883-9886
Ⓟ 닭숯불구이 55,000원, 백숙 55,000원
Ⓜ Map → 2-R9

LOCAL RECOMMENDATION : 로컬도 반한 맛집

LOCAL RECOMMENDATION
로컬도 반한 맛집

저렴한 가격에 맛까지 갖춘 로컬 맛집을 빼놓고 여행을 했다고 하면 섭섭하다.
하동에서 나는 갖가지 나물들로 밥을 짓는 식당부터 40년이 넘은 콩국수 맛집까지.
하동의 많은 식당 중 로컬도 반한 맛집들을 소개한다.

① 선창횟집

중평항에 자리하고 있는 참숭어 전문 횟집. 참숭어회, 참숭어회무침, 참숭어구이, 참숭어튀김, 참숭어전 등 참숭어를 활용한 다양한 요리를 맛볼 수 있다. 모든 메뉴가 먹고 싶다면 참숭어 코스요리를 시킬 것. 쫀득쫀득하고 고소한 참숭어가 입안에서 헤엄칠 것이다. 바다를 마주 보는 야외에서 식사를 하고 싶다면 예약을 하고 방문하자.

Ⓐ 경남 하동군 금남면 중평해안길 139
Ⓣ 055-884-2245
Ⓗ 화-일 11:00-21:00
(월요일 휴무)
Ⓟ 참숭어코스 1인 25,000원
Ⓜ Map → 4-R11

선창횟집 참숭어회

고하버거
고하치즈버거

제일회센타 장어구이

Plus. 고하돈까스

고하 버거앤카페 주인장과 청년들이 운영하는 돈가스 맛집. 고하 버거앤카페 맞은편 약 60m 가까운 거리에 위치해 있다.
Ⓐ 경남 하동군 고전면 하동읍성로 562
Ⓣ 010-6886-0562
Ⓟ 마늘 돈까스 8,500원
Ⓜ Map → 4-R12

라라북천 빠네

라라북천 마르게리따

② 고하 버거앤카페

마을에 버려진 쌀 창고를 개조한 수제버거 맛집. 마을의 분위기와 공간의 정체성을 잘 살린 이곳은 분위기도 좋지만, 사람들에게 알음알음 알려진 이유는 버거 맛 때문. 베이컨치즈버거, 새우버거, 하와이안샐러드버거 등 다양한 종류의 수제버거가 있다. 바로 옆에는 카페도 있으며, 고하버거 영수증 지참 시 음료 20% 할인을 받을 수 있다.

Ⓐ 경남 하동군 고전면 하동읍성로 571
Ⓣ 010-7348-0555 Ⓗ 목-월 11:30-18:00 (화, 수요일 휴무)
Ⓘ @goha_burger Ⓟ 고하클래식버거 5,000원, 고하치즈버거 8,500원 Ⓜ Map → 4-R7

③ 라라북천

가을이 되면 코스모스가 마을을 뒤덮는 북천면에 자리한 레스토랑 & 카페. 피자, 스테이크, 파스타 등 식사 메뉴뿐 아니라 음료 메뉴도 다양하다. 그중 토마토 페이스트에 바질, 치즈가 어우러진 정통 화덕피자 마르게리따가 대표 메뉴. 화덕에 구워져 고소하면서도 상큼하다. 카페와 레스토랑 주문 마감 시간이 다르니 확인해 보길 바라며, 미리 예약하고 방문하자.

Ⓐ 경남 하동군 북천면 세이리길 4 Ⓣ 010-8019-5821
Ⓗ 매일 10:00-21:00 Ⓘ @lala_picnic
Ⓟ 마르게리따 18,000원, 빠네 19,000원
Ⓜ Map → 4-R2

④ 제일회센타

하동과 남해를 잇는 남해대교 근처 노량리 바닷가에 자리한 횟집. 갓 잡은 싱싱한 회를 맛볼 수 있다. 상에 올라오는 회는 노량리 바닷가에서 잡은 회로 살이 도톰해 한 점 입에 넣으면 입안이 바다 향으로 가득 찬다. 제철 회 외에도 장어구이가 이곳의 인기 메뉴. 통째로 손질한 통통한 장어를 테이블 위 즉석에서 구워 먹을 수 있다.

Ⓐ 경남 하동군 금남면 노량해안길 217
Ⓣ 055-882-0301 Ⓗ 매일 10:00-22:00
Ⓟ 장어구이 2인상 45,000원 Ⓜ Map → 4-R10

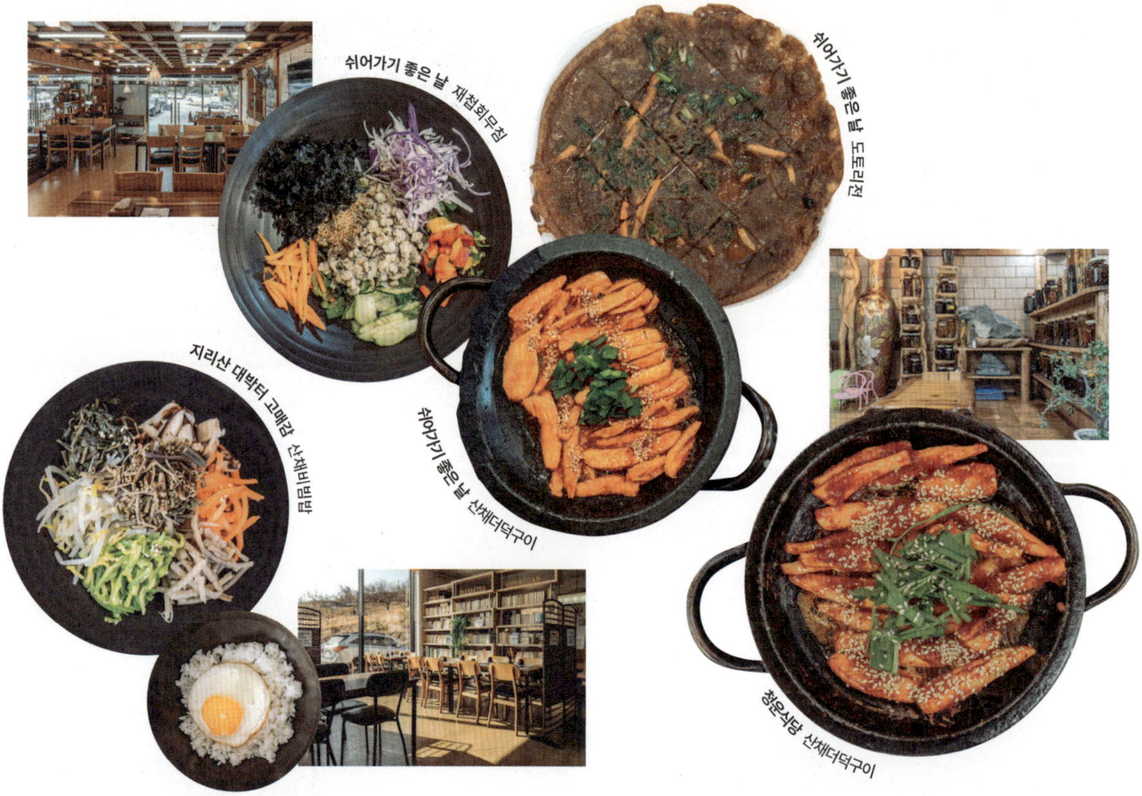

쉬어가기 좋은 날 재첩회무침

쉬어가기 좋은 날 도토리전

지리산 대박터 고매감 산채비빔밥

쉬어가기 좋은 날 산채더덕구이

청운식당 산채더덕구이

5 지리산 대박터 고매감

하동 대표 특산물인 고사리, 매실, 대봉감을 줄여 고매감이라는 이름의 뜻을 가진 식당. 이곳의 대표 메뉴는 고사리, 콩나물 등이 들어간 산채비빔밥. 손수 농사지은 나물들로 정성스러운 한 끼를 대접하고 싶어 이 식당을 차렸다는 주인장의 마음이 한 그릇에 잘 담겨있다. 비빔밥 외에도 하동 녹차가 들어간 녹차 토종닭볶음, 녹차 닭백숙, 생목삼겹제육볶음 등이 있다.

Ⓐ 경남 하동군 악양면 정서길 141-1
Ⓣ 055-882-2943 Ⓗ 화-일 11:30-20:00 (월요일 휴무)
Ⓟ 산채비빔밥 9,000원 Ⓜ Map → 3-R1

6 쉬어가기 좋은 날

쌍계사 아래에 위치한 식당. 하동에서 나는 쌀로 밥을 짓고, 하동 매실로 장아찌를 만드는 등 하나부터 열까지 하동의 자연과 주인장의 정성이 음식에 들어갔다. 이곳의 대표 메뉴는 산채 나물 향이 가득한 산채더덕구이 정식. 이 외에도 부드러운 더덕구이부터 재첩국, 재첩회무침, 지리산 산채, 도토리전까지 맛볼 수 있는 재첩 더덕 정식, 참게탕, 닭백숙 등이 있다.

Ⓐ 경남 하동군 화개면 쌍계사길 6
Ⓣ 010-9522-4375 Ⓗ 매일 09:00-21:00
Ⓟ 산채더덕구이 정식 15,000원, 재첩 더덕 정식 20,000원
Ⓜ Map → 2-R3

7 청운식당

쌍계사로 올라가는 길목에 자리한 한식당. 주인장은 매일 아침 새로 만든 반찬들과 신선한 재료로 건강한 밥상을 손님들께 선보인다. 재첩국, 참게탕, 메기탕 백숙, 닭볶음탕 등 다양한 메뉴가 있지만, 그중 가장 으뜸은 산채더덕구이정식. 달짝지근한 양념이 스며든 더덕은 부드러우면서도 반찬으로 제격이다. 함께 나오는 메밀전, 메밀묵, 각종 나물들도 자꾸 손이 갈 만큼 맛있다.

Ⓐ 경남 하동군 화개면 쌍계사길 6 Ⓣ 010-8858-1666
Ⓗ 매일 09:00-20:30 Ⓘ @cheongun_1666
Ⓟ 산채더덕구이정식 15,000원 Ⓜ Map → 2-R4

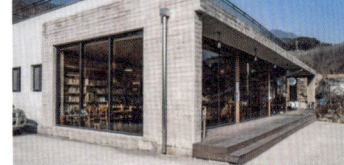

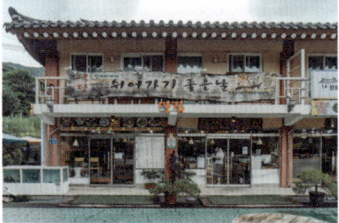

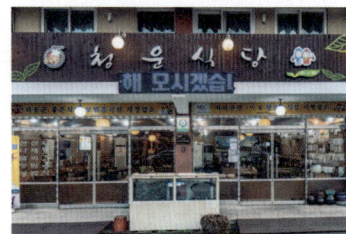

명성콩국수 콩국수

찻잎마술 별천지찜

하동 솔잎돼지 순수한우 삼겹살

찻잎마술 고운비빔밥

⑧ **명성콩국수**

1976년 오픈한 콩국수 전문점. 대표 메뉴는 하동 악양면에서 재배한 콩으로 만든 콩국수. 걸쭉한 국물과 함께 나온 깍두기, 김치 조합은 돌아서면 다시 생각나게 하는 맛이다. 기호에 맞게 소금과 설탕을 뿌려 먹자. 콩국수 외에도 참깨죽, 콩물, 팥국수, 팥죽 등 하동에서 매입한 곡물을 활용한 음식들을 선보인다. 하동버스터미널 바로 옆에 위치하고 있어 버스로 여행을 왔다면 떠나기 전 꼭 먹어보고 가자.

Ⓐ 경남 하동군 하동읍 중앙로 8
Ⓣ 055-884-3312 Ⓗ 매일 06:00-21:00
Ⓟ 콩국수 7,000원 Ⓜ Map → 4-R4

⑨ **찻잎마술**

조상 대대로 400년 넘게 하동에서 살아온 주인장 집안의 향토음식과 사찰음식, 차 음식을 맛볼 수 있는 곳이다. 식전 차꽃와인과 차씨오일을 주어 입안을 깔끔하게 만들어 준다. 이곳의 인기 메뉴는 통삼겹살에 녹차 소스와 찻잎을 넣고 조림한 별천지찜. 부드러우면서도 달콤해 맛있는 한끼를 먹을 수 있다. 이 외에도 표고버섯덮밥, 비빔밥 등 건강한 한정식이 메뉴로 마련되어 있다. 식사 후 차실에서 하동의 차도 무료로 시음할 수 있으며, 식사 예약은 필수.

Ⓐ 경남 하동군 화개면 화개로 519 Ⓣ 055-883-3316
Ⓗ 매일 11:30-19:00 Ⓘ @dao.teafood
Ⓟ 별천지찜 15,000원 Ⓜ Map → 2-R2

⑩ **하동 솔잎돼지 순수한우**

합리적인 가격에 한우와 국내산 돼지고기를 먹을 수 있어 로컬에게 사랑받는 곳이다. 총 3층 건물로 1층은 식당, 2층은 고기 직판장이 있어 고기를 구매 후 1층에서 구워 먹어도 된다. 한우, 돼지고기 맛은 물론 기본 밑반찬들도 깔끔해 고기와 함께 싸 먹으면 더 맛있게 먹을 수 있다. 된장찌개, 소면, 냉면 등 고기와 곁들여 먹을 음식도 다양하다.

Ⓐ 경남 하동군 횡천면 횡보길 2-6
Ⓣ 055-883-9796 Ⓗ 화-일 09:00-21:00 (월요일 휴무)
Ⓟ 소고기모듬 150g 30,000원, 삼겹살 150g 10,000원
Ⓜ Map → 4-R1

KOREAN BEEF
입에서 사르르 녹는 한우

눈으로 맛보고, 입으로 느낄 수 있는 한우 맛집이 하동 곳곳에 있다. 60년이 넘은 하동 최초 백년가게부터 다양한 부위를 직접 구매해 구워 먹을 수 있는 한우프라자까지. 육즙이 살살 녹아 입까지 호강할 수 있는 한우 맛집을 소개한다.

 **하동한우촌**

간판 이름에 맞게 한우를 먹을 수 있는 식당. 육즙이 가득한 한우를 한입 맛보면 여행의 맛이 배가 된다. 숯불 위에 구워지는 한우에 숯 향이 배여 더 맛있게 먹을 수 있다. 같이 나오는 명이나물과 마늘, 버섯을 함께 싸 먹어보자. 한우 외에 삼겹살, 목살 등 돼지고기와 버섯불고기전골, 갈비탕, 육회비빔밥 등 식사 메뉴도 다양하다.

Ⓐ 경남 하동군 금남면 영천안길 5　Ⓣ 055-882-3364　Ⓗ 매일 09:00-22:00
Ⓟ 한우 모둠 (150g) 35,000원　Map → 4-R9

2 하동솔잎한우프라자

한우 요리 전문점으로 하동축협에서 축산물 판매장과 함께 운영 중이라 신선한 한우를 맛볼 수 있는 곳이다. 등심, 안심, 살치살, 갈빗살, 부챗살 등 다양한 부위의 한우를 정육점 코너에서 판매하고 있으며, 구매 후 식당에서 직접 구워 먹을 수 있다. 1인 상차림 비용만 내면 여러 밑반찬들이 나와 눈으로 직접 보고 고기를 선택한 후 식당에서 먹길 추천한다. 갈비탕, 육회비빔밥 등 식사 메뉴도 있다.

Ⓐ 경남 하동군 고전면 하동읍성로 9
Ⓣ 055-884-1515
Ⓗ 매일 11:30-21:30
Ⓟ 1인 상차림 대인 4,500원, 10세 이하 2,000원
Ⓜ Map → 4-R8

3 고심통숯불갈비

1955년 문을 연 고심통은 하동 최초의 백년가게로 갈비탕, 소갈비찜, 돼지양념갈비 등 대를 이어 맛을 유지하고 있다. 하동시장 내에 위치해 있어 로컬뿐 아니라 여행객들에게도 인기 있는 맛집이다. 대대로 이어져 오는 보양식 갈비탕은 점심시간만 되면 많은 사람이 찾는 메뉴로 혼자 여행왔다면 이곳에서 한끼 해결해 보자. 한우 맛집으로 소개하지만 돼지양념갈비 등 모든 메뉴가 맛있으니 입맛에 맞게 골라 먹길 바란다.

Ⓐ 경남 하동군 하동읍 시장1길 20   Ⓣ 055-884-2596
Ⓟ 시골 갈비탕 10,000원   Ⓜ Map → 4-R6

4 형제식육식당

하동시장 앞에 위치한 한우식당이다. 합리적인 가격에 맛있는 한우를 먹을 수 있어 로컬뿐만 아니라 하동을 방문하는 여행객들에게도 입소문이 나 많은 이가 찾는 곳이 되었다. 주인장이 정성껏 손질한 한우는 입에서 살살 녹는다. 고기를 다 먹은 후 돌판된장찌개도 꼭 먹어보자. 돌판 위에 고기를 구운 후 된장찌개를 그 위에 넣어 먹는 메뉴로 이곳에서만 맛볼 수 있는 별미다.

Ⓐ 경남 하동군 하동읍 시장2길 15-10   Ⓣ 055-883-0249   Ⓗ 매일 09:00-22:00
Ⓟ 한우 일반모듬(120g) 20,000원, 돌판된장찌개 소 10,000원   Ⓜ Map → 4-R3

HADONG INN
옛 감성, 하동 주막

오고 가는 사람들에게 아지트 같은 역할을 하는 주막. "이모, 여기 국밥 한 그릇이요!"라고 외쳐도 어색하지 않다. 옛 감성을 살린 공간인 만큼 주인장의 정도 한 그릇에 듬뿍 들어가 있다. 이모가 내어주는 안주에 막걸리 한 잔을 기울여 보자.

 1 형제봉주막

주택을 개조해 만든 주막. 주인장의 정성과 세월이 묻은 이 공간은 고즈넉하면서도 따뜻한 느낌을 풍긴다. 10여 년째 중년들의 아지트였던 공간은 알음알음 알려지면서 최근 들어 20-30대 여행객들에게도 사랑받는 공간이 되었다. 오후 5시부터 9시까지 운영하지만 미리 전화하면 일찍 오픈하기도 한다. 단, 부정기적 휴무가 있으니 방문 전 확인은 필수.

Ⓐ 경남 하동군 악양면 입석길 40-1
Ⓣ 010-8025-3302
Ⓗ 17:00-21:00, 영업시간 전화 문의
Ⓟ 부추전 10,000원, 달빛감성막걸리 7,000원
Ⓜ Map → 3-R4

 2 평사리토지장터주막

조선 시대로 시간 여행을 온 것 같은 주막. 내부 좌석도 있지만 평상에서 먹으면 그 시대의 분위기를 더 잘 느낄 수 있다. 해물파전, 도토리묵사발 등 막걸리와 한잔하기 좋은 메뉴 외에도 소고기국밥, 메밀국수 등을 함께 판다. 최참판댁이 옆에 있어 구경 후 이곳에서 한끼 해결해도 좋다. 장터주막에 가기 위해서는 최참판댁 입장료를 내고 들어가야 한다.

Ⓐ 경남 하동군 악양면 평사리길 56-15
Ⓣ 055-884-0088 Ⓗ 월요일 휴무
Ⓟ 입장료 2,000원, 해물파전 12,000원, 도토리묵사발 7,000원
Ⓜ Map → 3-R3

 3 옥화주막

영화 역마 세트장으로 만든 초가집을 개조한 주막. 창문에는 '국수있슴'이 붙여져 있어 옛 느낌을 더 잘 살려준다. 메뉴는 국수, 파전, 육전 등 주막에서 볼 수 있는 메뉴들로 구성되어 있다. 둘째, 넷째 주 금요일 오후 3시에는 옥화주막 앞에서 금요음악회도 열리니 금요일에 방문한다면 그 시간에 맞춰 음악과 함께 주막의 분위기에 취해보자.

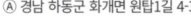
Ⓐ 경남 하동군 화개면 원탑1길 4-3
Ⓣ 055-884-2037 Ⓗ 화-일 10:30-20:30 (월요일 휴무)
Ⓟ 멸치온국수 6,000원 Ⓜ Map → 2-R7

HADONG Liquor

하동의 술

하동에는 지역 특성을 살려 나온 술들이 있다. 녹차로 만든 막걸리부터 소주, 와인까지. 주종도 다양하다. 자신의 취향에 따라, 함께 여행 온 이와의 분위기에 따라 마셔보자.

악양 막걸리 — ALC 6

3대째 술을 빚어온 하동 악양주조에서 만든 막걸리. 지리산 청정수와 하동의 햅쌀, 우리 밀 누룩으로 저온숙성하여 빚은 하동의 전통주이다. 풍미가 뛰어나며 천연 탄산이 더해져 가볍게 마실 수 있다.

하동 녹차 막걸리 — ALC 6

하동에서 쉽게 볼 수 있는 막걸리. 국내산 쌀과 하동 녹차로 빚어 단맛이 나면서도 끝 맛은 쌉싸름하다. 살짝 녹색 빛을 내는 색으로 눈으로 한 모금, 입으로 한 모금 즐길 수 있다.

정감 막걸리 — ALC 6

100% 하동 햅쌀과 찹쌀, 100% 우리 밀 누룩으로 빚어 장기저온 발효 숙성한 막걸리. 천연 탄산의 청량감으로 새콤하며, 목 넘김이 부드러워 술술 들어간다. 악양 막걸리와 마찬가지로 악양주조에서 만들었다.

대봉감 와인 — ALC 11

하동 악양의 대표적 과일인 대봉감으로 만든 와인. 비타민이 풍부하고 당도가 높은 악양 대봉감으로 만들어 새콤하면서도 달콤하다. 시원한 상태로 식전주나 식후 디저트 와인으로 마시길 추천한다.

Plus. 와이너리 카페
- Ⓐ 경남 하동군 악양면 소축길 105
- Ⓣ 055-883-5673
- Ⓜ Map → 3-C2

01
LOCAL MARKET : 하동 시장에 가면

02
HADONG SPECIALTY : 하동 특산품

SHOPPING

하동을 살아가는 이들의 일상이 녹아있는 공간에서만 느낄 수 있는 소소하지만 확실한 행복을 느껴보자. 그곳에서만 살 수 있는 물건을 발견했을 때의 기쁨은 덤.

LOCAL MARKET

하동 시장에 가면

로컬의 숨을 가장 가깝게 마주할 수 있는 곳, 바로 시장. 하동의 시장은 항상 로컬과 여행객들로 북적인다. 시장을 넘어 하나의 명소가 된 화개장터부터 읍내에 자리한 시장까지 만나보자.

1. 화개장터

하동 하면 가장 먼저 떠오르는 곳 중 하나인 화개장터. 해방 전까지 우리나라 5대 시장 중 하나일 정도로 교류가 활발했다. 섬진강을 따라 경상남도와 전라남도가 맞닿은 곳에 있는 화개장은 약재부터 시작해 녹차, 재첩국, 수수부꾸미, 막걸리 등 볼거리와 먹을거리가 다양하다. 화개장터의 노래로 유명해지면서 지금은 많은 관광객이 찾아와 오일장이던 전통 시장이 매일 열리는 상시 시장으로 바뀌었으니 하동을 방문한다면 꼭 들러보자. 주위에 맛집도 많다.

Ⓐ 경남 하동군 화개면 쌍계로 15   Ⓟ 055-883-5742   Ⓗ 매일 09:00-18:00   Ⓜ Map → 2-★8

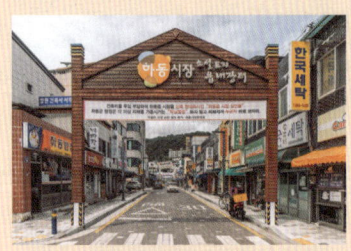

2. 하동공설시장

오랜 시간 로컬에게 사랑받고 있는 전통 시장. 2와 7로 끝나는 날 오일장이 열리며, 평소에도 여러 곳의 매장들이 운영을 한다. 제철 채소 및 과일, 생선, 재첩, 정육, 식료품, 의류, 하동 특산물 등 시장에서 판매하는 대부분의 제품을 이곳에서 살 수 있다. 시장 내에 재첩국, 고깃집 등 맛집도 여럿 있다.

Ⓐ 경남 하동군 하동읍 시장1길 16-3   Ⓟ 055-884-2312
Ⓗ 2와 7로 끝나는 날   Ⓜ Map → 4-★6

3. 알프스푸드마켓

하동의 농특산물을 판매하는 푸드마켓. 악양막걸리부터 시작해 청암 사과잼, 하동가루녹차, 하동섬진강쌀까지. 하동에 없는 거 빼고 다 있는 마켓이다. 농특산물 외에도 지리산 청정공기가 담긴 지리에어, 녹차 샴푸, 녹차치약 등 생활용품과 전통 공예품도 판매하니 하동에서 어떤 걸 사야 할지 고민이라면 이곳을 방문해도 좋다.

Ⓐ 경남 하동군 하동읍 섬진강대로 2571   Ⓟ 055-883-5820
Ⓤ hadongmarket.co.kr   Ⓜ Map → 4-★5

4. 플래그십 스토어

화개장터 내 각 점포 특색을 살린 제품을 온, 오프라인 플랫폼으로 전시, 판매하는 곳. 2020년 긴 장마로 피해를 본 상인을 위로하고 지역 관광 활성화를 위해 만들어졌다. 매장 내에는 지역 특산물 꾸러미, 시장 대표 상품, 소상공인 제품 등 하동에서만 만날 수 있는 제품들이 있다. 포장도 예쁘게 되어 있어 하동에서의 선물이 고민된다면 이곳을 방문해도 좋다. 또한 제품마다 QR코드가 있어 스캔을 하면 판매 상인의 얼굴과 제품 정보를 쉽게 확인할 수 있다.

Ⓐ 경남 하동군 화개면 쌍계로 15
Ⓤ 화개장터.kr   Ⓜ Map → 2-★8

HADONG
Specialty

하동 특산품

하동은 녹차, 밤, 감, 쌀 등 특산물을 활용한 먹거리, 제품이 다양하다. 청정 자연 하동에서만 만나볼 수 있는 특산품들을 소개한다.

여영희의 전통먹거리 콩유과
찹쌀, 대두유, 쌀 튀밥, 쌀 조청이 들어간 우리나라 전통 먹거리. 고소하고 달콤한 맛이 특징이다.

녹차 쫀득이
하동 녹차 가루가 들어간 쫀드기. 쌉싸름한 녹차 향이 은은하게 퍼지며, 주전부리로 좋다.

하동녹차 곡물그대로 21곡
하동 녹차가 들어간 크리스피롤. 녹차의 쌉싸름함과 과자의 짭조름함이 조화로워 계속 손이 간다.

녹차찐빵
하동 녹차를 접목시켜 만든 녹차찐빵. 빵의 질감이 부드러워 남녀노소 맛있게 먹을 수 있다.

Plus. 하동녹차찐빵
ⓐ 경남 하동군 악양면 성두길 28
ⓣ 055-884-1852　ⓜ Map → 3-D1

배 파이
하동 배를 이용해 만든 수제 파이. 인공색소와 방부제, 화학 첨가물이 첨가되지 않은 건강한 간식.

Plus. 파이나무
ⓐ 경남 하동군 악양면 악양서로 129
ⓣ 055-882-8295
ⓜ Map → 3-D3

산골알밤
지리산에서 재배한 밤만을 사용해 만든 산골알밤. 부드럽고 달달해 아이들에게도 인기 만점이다.

현미강정
지리산 일대에서 난 현미를 자연건조해 조청으로 버무린 강정. 영양 만점 간식이다.

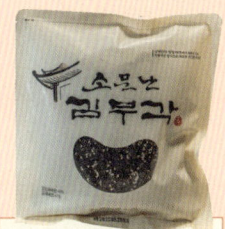

소문난 김부각
100년이 넘는 전통방식 그대로 만든 김부각. 인공 조미료 등이 들어가지 않아 믿고 먹을 수 있다.

PLACES TO STAY

하동에서 숙소 예약하기

여행에서의 숙소는 하루의 컨디션을 결정하는 데 중요한 역할을 한다. 숙소의 역할이 중요한 만큼 하동은 감성 가득 한옥 숙소부터 혼자 가기 좋은 게스트하우스, 모든 것이 갖춰져 있는 리조트까지 여러 형태의 숙소가 있다. 수없이 많은 숙소 중 자신의 여행 계획에 맞춰 숙소를 선택해보자.

Hanok Stay

처마 아래 감성, 한옥

하동에는 다른 지역과 달리 한국 고유의 아름다움을 가진 한옥 숙소가 유독 많다. 돌담 하나, 서까래 하나, 이불 하나까지 정이 담긴 한옥에서 하동의 낭만을 느껴보길 바란다.

Ⓐ 경남 하동군 악양면 평사리길 86
Ⓣ 055-882-5094
Ⓤ kolonmall.com/Special/214114
Ⓘ @almosthome_stay
Ⓜ Map → 3-H4

1 올모스트홈 스테이 하동

한옥과 하동의 자연이 한데 어우러진 숙소. 독채 4곳 (연하재, 화람재, 일영재, 월영재)과 개인실 4곳으로 운영되고 있다. 공간의 중심을 잡고 있는 연하재는 담 넘어 펼쳐진 대나무 숲의 산수를 오롯이 만끽할 수 있다. 화람재는 박경리 작가의 대하소설 <토지>의 전권을 가진 공간이며, 일영재와 월영재는 복층 한옥으로 구성되어 있다. 개인실인 회경재와 운락재는 오랜 구옥으로 드넓은 평사리들판과 악양을 가로지르는 섬진강을 한눈에 담을 수 있으니 자신에게 맞는 공간을 선택해 방문해 보자. 이곳에서 머무른다면 최참판댁 입장료는 무료.

Park Jiyu

박지유

올모스트홈 스테이 하동 매니저

올모스트홈 스테이 하동 공간

올모스트홈 스테이 하동은 1개의 쇼룸과 8개의 객실로 이루어져 있다.

1. 환영재 —— 에피그램 쇼룸
2. 독채
3. 연하재
4. 화람재
5. 일영재   객실
6. 월영재
7. 개인실
8. 회경재 1, 4
9. 운락재 1, 2

올모스트홈 스테이 공간 소개 부탁드립니다.
에피그램이 진행하는 로컬 프로젝트의 일환으로 익숙하지만 낯선 우리 지역이 가진 숨어있는 이야기를 에피그램의 감성으로 풀어낸 공간입니다.

한옥 숙소만의 매력은 무엇인가요? 유독 하동이 다른 지역과 달리 한옥 숙소가 많은 것 같습니다.
한옥은 자연과 함께 더불어 살아가는 우리 조상들의 삶을 보여주는 대표적인 공간으로 자연과 소통하고 자연 친화적인 문화를 가진 하동에 어울리는 주거 형태이기 때문에 그렇지 않을까 생각해 봅니다. 그리고 현재를 살아가는 사람이 그 한옥을 통해 자연 친화적인 풍요와 편안을 느끼며 쉼을 얻어 갈 수 있다는 것이 한옥 숙소의 큰 매력이라고 생각합니다. 하동은 지리산과 섬진강을 품고 있어 자연이 매우 아름답습니다. 특히나 봄이 오면 웅크리고 있던 꽃망울들이 서서히 솟아올라 사방에 망울을 탁 터트릴 때 불어오는 봄바람에 봄꽃의 달콤한 향이 스며들어 있어요. 그 내음을 마시면서 산보하며 꽃잎을 맞이할 수 있는 호사를 하동은 누릴 수 있습니다.

다른 숙박 공간과의 차별점이 있다면?
올모스트홈스테이는 단순히 숙박 공간을 넘어 지역의 가치와 멋을 체험하면서 에피그램이 전하고자 하는 일상의 가치를 공유하기 위해 시작된 프로젝트입니다. 때문에 하동의 정서를 느낄 수 있는 공간을 만들고자 노력하고 있습니다.
Welcome Kit에는 하동 농산물로 만든 간식과 하동의 야생 녹차를 통해 맛으로서도 하동을 즐길 수 있도록 준비하고 있고, 공간을 머물며 자연스럽게 맡게 되는 객실 내 향을 하동의 녹차 밭을 연상케 하는 취프로젝트의 하동향 제품으로 준비하고 있습니다. 더불어 한옥의 정취를 붓글씨로 남길 수 있도록 준비한 문방사우함, 자연을 배경으로 금세 작은 카페를 차릴 수 있는 피크닉 세트 대여, 하동 클래스 등도 운영하고 있습니다.
에피그램이라는 브랜드는 지역 고유의 풍경과 느낌을 색으로 표현해 매 시즌마다 의류를 포함해서 에피그램 상품으로도 새롭게 보여드리고 있습니다. 그 상품들을 통해서도 새로운 지역의 모습을 볼 수 있고 직접 입어보면서 경험할 수 있도록 에피그램 스테이 키트 아우터와 에코백 렌탈 서비스를 도와드리고 있습니다.
저희는 하동의 다양한 모습을 보여드리기 위해 새로운 큐레이팅 콘텐츠를 만들어 가려고 계속해서 노력하고 있습니다. 이렇게 지역의 모습을 보여드리고자 하는 공간의 방향성이 다른 곳과는 차이가 있다고 생각됩니다.

이곳을 방문하는 이들이 어떤 시간을 보내고 가셨으면 좋겠나요?
하동만이 보여줄 수 있는 그 고유의 멋을 저희 공간을 통해 경험해 보셨으면 좋겠어요. 저는 자주 바람 내음을 맡으면서 아침 산책하기를 즐기거든요. 워낙 저희 스테이 경관이 좋아서 대나무 숲의 청량한 공기를 마시며 걸을 때면 마음의 근심이 자연스레 잊히고 평온함이 찾아옵니다. 그리고 새로운 시작을 다짐하며 제 스스로에게 에너지를 채워요. 이곳을 방문하시는 고객분들도 하동의 푸름이 주는 에너지를 가져가실 수 있었으면 좋겠어요. 여행이 끝난 후 일상으로 되돌아가셨을 때 하동의 쉼을 통해 삶이 풍요로워지셨으면 좋겠습니다.

2 공간담

낮은 담벼락에 둘러싸인 아담한 숙소. 창밖으로는 하동의 사계절이, 안으로는 한국 고유의 아름다움을 느낄 수 있는 공간이다. 빨리 흘러가는 일상, 공간담에서 만큼은 편하게 쉬어가길 바라는 마음으로 독채로만 운영하고 있다. 마당에는 오두막도 설치되어 있어 연인뿐만 아니라 아이들과 함께 가도 행복하고, 여유로운 시간을 보낼 수 있는 곳이다. 바비큐는 사전 예약한 경우 이용 가능하다.

Ⓐ 경남 하동군 악양면 평사리길 56-47
Ⓣ 010-5132-7588
Ⓘ @space__dam   Ⓜ Map → 3-H3

3 차꽃오미

하덕마을에 자리한 백 년 고택, 차꽃오미. 공간에 들어서는 순간 마음이 편안해지면서 힐링이 된다. 숙소는 사랑방, 안방 두 곳으로 나뉘며 하루 두 팀만 예약을 받는다. 한옥의 고유한 느낌과 시골의 정을 느끼고 싶다면 차꽃오미에서 하루 묵어보자. 지유명차라는 찻집도 함께 운영 중이니 이곳에서 차 한 잔을 하며 여행의 피로함을 풀어봐도 좋다.

Ⓐ 경남 하동군 악양면 악양서로 233-28
Ⓣ 010-7147-6953
Ⓘ @teastay_5me
Ⓜ Map → 3-H2

4 하루해

하동에서 보내는 하루하루가 행복하길 바라는 마음으로 지은 하루해. 2명에서 최대 8인까지 묵을 수 있는 다양한 공간이 마련되어 있다. 또한 이곳이 다른 곳과 달리 더 매력적으로 느껴지는 이유는 반려견 동반이 가능한 객실이 있다는 것. 반려견과 함께 여행을 한다면 이곳에서 묵어도 좋다. 여름이면 수영장도 운영하며, 캠핑을 할 수 있는 데크도 따로 마련되어 있다.

Ⓐ 경남 하동군 악양면 악양서로 669-22
Ⓣ 010-8539-2812
Ⓘ @haruhai_hanok
Ⓜ Map → 3-H1

Ⓐ 경남 하동군 화개면 목압길 34-3
Ⓣ 010-5334-7785
Ⓘ @gwana_tea_harmony
Ⓜ Map → 2-H4

5 우티 아티

관아수제차에서 운영하는 곳으로 전통한옥을 현대적인 감각으로 개조한 독채 숙소이다. Would You Like Tea?, I Like Tea라는 뜻을 가진 우티 아티는 이름에서 느껴지듯 차를 사랑하는 주인장의 마음이 담긴 공간이다. 쌍계사와 국사암까지 걸어서 5분 거리에 있어 천천히 걸으면서 화개를 느끼기에 좋은 곳이다. 이곳에서 머무른다면 주인장과 함께하는 찻자리 시간을 꼭 가져보길 바란다.

Resort
& Guest House

하동 리조트 & 게스트하우스

혼자 방문해도 좋고, 친구와 방문해도 좋고, 연인, 가족과 방문해도 좋은 숙소가 한옥 숙소 외에도 하동에 여럿 있다. 하동을 대표하는 리조트와 편히 쉬다 갈 수 있는 게스트하우스를 소개한다.

1 켄싱턴 리조트

창밖으로 지리산이 펼쳐지는 아름다운 자연 속에 있는 호텔. 기준 인원 3인이 투숙할 수 있는 스튜디오부터 디럭스, 프리미어, 로얄스위트, 켄싱턴 디럭스 스파, 아이들의 취향을 저격할 프리미어 키즈 마이카 객실까지 총 102개의 객실을 보유하고 있다. 특히 켄싱턴 디럭스 스파 객실에서는 지리산의 풍경을 보며 스파를 즐길 수 있다. 편의 시설도 잘 갖춰져 있다.

SERVICE
스파, 카페라운지, 바비큐장, 레스토랑, 회의실, 웨딩홀, 기념품 숍

- Ⓐ 경남 하동군 화개면 쌍계로 532-6
- Ⓣ 055-880-8000
- Ⓤ kensington.co.kr/rhd
- Ⓘ @kensingtonhadong_resort
- Ⓜ Map → 2-H2

- Ⓐ 경남 하동군 청암면 청학로 876
- Ⓣ 055-882-9393
- Ⓤ vivaceresort.com
- Ⓜ Map → 3-H5

2 비바체 리조트

전 객실 하동호 전망으로 6개 객실 타입으로 26평부터 53평까지 나누어져 있다. 호텔형 타입을 제외한 모든 객실에서 취사가 가능해 가족부터 연인들까지 모두에게 사랑받는 리조트이다. 특히 이곳이 연인들에게 더욱 사랑받는 이유는 야외 수영장 때문일 듯하다. 하동호를 바라보며 인생 사진도 남길 수 있어 이곳을 방문한다면 수영장에는 꼭 들르자.

SERVICE
수영장
레스토랑
베이커리 카페
편의점
세미나실
운동장

3 반달스테이

화개장터 십리벚꽃길을 따라 계속 올라가다 보면 만날 수 있는 게스트하우스. 혼자, 또는 친구와 둘이 놀러 왔을 때 편하게 쉬고 가기 좋다. 가족과 함께 방문한다면 독립된 공간도 마련되어 있으니 걱정하지 말자. 카페도 함께 운영하고 있으며, 주인장이 직접 만든 음료도 맛볼 수 있으니 이곳에서 느긋하고 여유로운 시간을 보내다 가길 바란다.

ⓐ 경남 하동군 화개면 화개로 505
ⓣ 010-9219-0569
ⓘ @cafe.bandal_stay
ⓜ Map → 2-H1

ⓐ 경남 하동군 고전면 하동읍성로 555
ⓣ 010-9019-4493
ⓘ @staygoha.re_555
ⓜ Map → 4-H1

4 도시고양이생존연구소

도시에서 지친 여행객들이 이곳에서 푹 쉬다 가길 바라는 마음으로 만든 공간. 도미토리룸의 경우 공동숙소로 쓰이니 혼자 방문한다면 도미토리를 추천한다. 뷰가 아름다운 숙소이기도 하지만 이곳이 여행객들의 가슴에 남을 수 있는 또 다른 이유는 조식. 주인장이 직접 담은 조식 도시락을 가지고 테라스에서 먹으면 힐링이 따로 없다.

ⓐ 경남 하동군 화개면 상덕길 46-26
ⓣ 010-8884-5309
ⓘ @city_cat_5309
ⓜ Map → 2-H3

5 스테이고하리555

고하리 마을에 위치한 독채 숙소. 고하 버거앤카페 옆에 위치해 있다. 옛 주택을 리모델링한 이 공간은 시골 특유의 소박함과 여유로움을 느낄 수 있다. 주인장이 환경을 생각해 미니멀 라이프와 제로 웨이스트를 지향해 세제, 수세미 등 작은 것 하나하나 신경을 써 구비해 뒀다. 마당도 넓어 고기를 구워 먹을 수 있으며, 1인에서 최대 4인까지 숙박이 가능하다.

PLAN YOUR TRIP : THE BEST DAY COURSE

COURSE 1 가족 & 아이와 함께

하동은 자연과 함께 아이들과 즐길 거리가 다양하다.
아이, 부모 모두가 만족할 수 있는 하동 스폿을 소개한다.

1 Day

A. 의신 베어빌리지 p.055
반달가슴곰의 탐방체험을 할 수 있는 마을.
반달가슴곰을 직접 관찰할 수 있다.

B. 신진식당 p.069
시원한 계곡에 발을 담그며 닭백숙을 먹을 수 있는 곳.
여름 시즌에만 평상을 운영한다.

C. 하동야생차박물관 p.028
하동 차의 역사를 살펴볼 수 있는 박물관. 차밭에서 찻잎
따기, 다례체험 등을 할 수 있다.

D. 더로드101 p.061
하동 십리벚꽃길 끝자락에 자리한 카페. 음료와 디저트
종류가 다양하다.

E. 화개장터 p.043
화개 입구에 자리한 전통 시장. 녹차, 재첩국,
수수부꾸미 등 볼거리, 먹을거리가 다양하다.

2 Day

A. 지리산생태과학관 p.048
희귀 야생 동식물들을 한눈에 볼 수 있는 생태과학관.
체험 프로그램도 준비되어 있다.

B. 지리산 대박터 고매감 p.068
대표 메뉴는 고사리, 콩나물 등이 들어간 산채비빔밥.
이외에도 닭백숙, 제육볶음 등 메뉴가 다양하다.

C. 최참판댁 p.045
박경리의 소설 '토지'의 배경이 된 곳. 조선 후기 생활
모습을 재현해 놓았다.

D. 박경리문학관 p.044
소설 '토지' 작가 박경리의 삶과 문학을 들여다볼 수
있는 공간. 최참판댁과 붙어 있다.

E. 파이나무 p.081
하동 배를 이용해 만든 수제 파이를 맛볼 수 있는
곳이다. 예약을 하고 방문하자.

3 Day

A. 해뜰목장 p.054
말과 양, 염소 등 동물들을 볼 수 있는 목장.
아이스크림, 치즈, 피자 등을 만들어 볼 수 있다.

B. 라라북천 p.071
북천면에 자리한 레스토랑 & 카페. 화덕피자, 스테이크,
파스타, 필라프 등 메뉴가 다양하다.

C. 하동레일바이크 p.057
북천역에서 양보역까지 5.2km를 달릴 수 있는 풍경
열차.

D. 북천 코스모스
가을이 되면 북천면 일대가 코스모스로 장관을 이룬다.

E. 알프스 밀밭 p.062
대추차, 생강차, 돌배차 등의 음료를 판매하는 카페.
우리 밀로 만든 와플도 맛있다.

PLAN YOUR TRIP : THE BEST DAY COURSE

연인 & 친구와 함께

연인, 친구와 가면 빠질 수 없는 게 인생 사진.
SNS에서 핫한 하동의 장소들을 모아 봤다. 추억은 덤.

1 Day

A. 쌍계명차 p.033
화개 입구에 자리한 쌍계명차. 쌍계명차에서 만든
차뿐만 아니라 티포트, 찻잔 등을 구매할 수 있다.

B. 십리벚꽃길 p.042
봄이면 벚꽃이 한데 어우러져 장관을 이루는
십리벚꽃길. 우리나라 대표 벚꽃 명소이다.

C. 도심다원 p.029
계단처럼 켜켜이 쌓인 차밭에서 차를 즐길 수 있다. 야외
정자를 이용하려면 미리 예약 후 방문하자.

D. 찻잎마술 p.073
차를 활용한 다양한 음식을 맛볼 수 있는 곳. 식사 후
차실에서 이곳에서 만든 차도 마실 수 있다.

E. Planet1020 p.060
초록 초록한 풀들과 앤티크 가구들이 조화롭게 꾸며진
카페. 반려견 동반 출입 가능.

2 Day

A. 스타웨이하동 p.046
150m 상공 위 별 모양으로 세워진 스카이워크에서
악양의 풍경과 함께 사진을 남길 수 있다.

B. 여명가든 p.068
녹차오리구이 맛집. 녹차, 생강, 마늘 등의 양념이
버무려져 매콤하면서 맛있다.

C. 매암제다원 p.036
악양면에 있는 평지 다원. 카페뿐만 아니라 차 역사를 볼
수 있는 박물관도 있다. 반려동물 동반 출입 가능.

D. 동정호 p.047
평사리들판 옆에 위치한 생태습지공원. 계절마다
아름다운 꽃이 피며, 곳곳에 포토 스폿이 있다.

E. 평사리들판 p.047
박경리 소설 토지의 주 무대가 된 83만여 평에 달하는
늘판. 무무송과 함께 사진을 남겨보자.

3 Day

A. 삼성궁 p.049
환인, 환웅, 단군을 모신 성전. 삼성궁 호수를 배경으로
사진을 남겨보자.

B. 성남식당 p.065
청학동에 위치한 식당. 대나무로 쪄낸 대통밥을 맛볼 수
있다. 1시간 전 예약 필수.

C. 하동호 p.048
하동의 자연을 느낄 수 있는 곳. 걷기도 좋으며,
드라이브 코스로도 제격이다.

D. 양탕국커피문화마을 p.050
일부 백성들 사이에서 친근하게 부르던 조선 시대 커피
양탕국을 마실 수 있는 곳.

E. 고심통숯불갈비 p.075
하동 최초 백년가게. 갈비탕, 소갈비찜, 돼지양념갈비 등
다양한 메뉴가 있다.

PLAN YOUR TRIP : THE BEST DAY COURSE

나 홀로 힐링 여행

혼자 여행을 와도 좋은 곳, 하동.
혼자만의 사색을 즐길 수 있는 곳들이 많으니 일정에 맞게 계획을 세워보자.

1 Day

A. 칠불사 p.041
지리산 반야봉 남쪽 해발 약 800m에 자리한 사찰.
템플스테이도 체험해 볼 수 있다.

B. 쌍계사 p.041
신라 성덕왕 23년 의상의 제자 삼법이 창건한 사찰.
가을이면 단풍이 장관을 이룬다.

C. 관아수제차 p.029
티코스를 예약하고 방문하면 관아수제차에서 직접 만든
차를 마실 수 있다.

D. 쉬어가기 좋은 날 p.072
쌍계사 아래에 위치한 식당. 대표 메뉴는 산채 나물 향이
가득한 더덕구이정식.

E. 섬진강변 걷기
노을이 붉게 물드는 시간, 화개장터에서 넘어와 길게
이어진 섬진강변을 걸어보자.

2 Day

A. 회남재숲길 p.048
사계절 아름다운 길. 10월이면 회남재 일원에서 지리산
회남재 숲길 걷기 행사를 한다.

B. 하동녹차찐빵 p.081
하동 녹차를 접목시킨 녹차찐빵을 맛볼 수 있다.

C. 하덕마을 섬등 골목길 갤러리 p.045
골목골목이 하나의 작품이 된 마을. 벽화뿐만 아니라
조각, 도자기 등의 작품을 걸으며 감상할 수 있다.

D. 팥이야기 p.045
하덕마을 섬등 골목길 들어가기 전 바로 입구에 있는
카페. 대표 메뉴는 단팥죽과 팥빙수이다.

E. 평사리공원 p.047
악양면 평사리에 위치한 공원. 매년 11월 초에는 대봉감
축제가 이곳에서 열린다.

3 Day

A. 하동읍성 p.052
조선 시대 축성된 읍성. 길게 이어진 읍성을 따라
산책을 하면 근심 걱정이 사라진다.

B. 고하 버거앤카페 p.071
하동읍성에서 내려오면 바로 있는 수제 버거집. 바로
옆에 카페도 있다.

C. 섬진강습지공원 p.051
하동포구공원에서 약 2km 걸어 들어가면 드넓은
습지가 펼쳐지는 공원.

D. 하동포구공원 p.051
공원과 연결된 트래킹 코스와 대나무 숲길이 있어 걷기
좋은 공원이다.

E. 명성콩국수 p.073
1976년에 오픈한 콩국수 전문점. 대표 메뉴는 악양에서
재배한 콩으로 만든 콩국수이다.

PLAN YOUR TRIP : THE BEST DAY COURSE

COURSE 4

액티비티한 여행

산과 강, 하늘까지, 하동의 아름다운 자연을
오감으로 느껴볼 수 있는 여행 스폿을 소개한다.

1 Day

A. 청운식당 p.072
쌍계사 올라가는 입구에 자리한 식당. 다양한 메뉴가 있지만 단연 으뜸은 산채더덕구이정식이다.

B. 십리벚꽃길 걷기 p.042
하동의 봄을 느낄 수 있는 십리벚꽃길을 걸으며, 봄 향기와 화개의 향을 마셔보자.

C. 장터국밥 p.043
화개장터 내에 있는 국밥집. 콩나물과 소고기가 듬뿍 들어간 소고기국밥을 먹어보자.

D. 섬진강 카누 p.057
섬진강을 따라 굽이굽이 흐르는 물살을 가로지르며 액티비티한 체험을 할 수 있다.

E. 옥화주막 p.076
영화 역마 세트장으로 만든 초가집을 개조한 주막. 국수, 파전, 육전 등을 판매한다.

2 Day

A. 한밭제다 차공간 p.033
제다의 모든 과정을 체험할 수 있는 곳. 차를 직접 따 나만의 차를 만들 수 있다.

B. 범바구집 p.069
호암마을 입구에 자리한 토종닭 요리 전문점. 오리백숙, 닭도리탕, 닭국 등을 판매한다.

C. 하동송림공원 p.051
섬진강 백사장과 함께 백사청송으로 알려진 천연기념물 제445호로 지정된 공원.

D. 구재봉 자연휴양림 p.057
구재봉 자연휴양림 내 스카이짚, 모노레일, 에코어드벤처 등 다양한 레포츠 시설이 마련되어 있다.

E. 늘봄산장 p.069
오리고기 전문점. 유황오리, 오리생고기, 오리불고기 등 오리를 활용한 다양한 음식을 선보인다.

3 Day

A. 하동알프스레포츠 짚와이어 p.056
금오산 정상에 자리한 아시아 최장 짚와이어. 시속 120km/h로 짜릿한 경험을 할 수 있다.

B. 선창횟집 p.070
중평항에 자리한 참숭어 전문 횟집. 야외에서 회를 먹고 싶다면 예약을 하고 방문하자.

C. 노량대교 홍보관 p.053
세계 최초 경사주탑 현수교인 노량대교를 홍보하기 위해 세워진 곳. 하동 특산물도 구매할 수 있다.

D. 우주총동원 p.060
미스터트롯에 출연한 가수 정동원 가족이 운영하는 카페. 지역 특산품 등도 함께 판매한다.

E. 하동솔잎한우프라자 p.075
한우 요리 전문점. 하동축협에서 축산물 판매장과 함께 운영 중이라 신선한 한우를 맛볼 수 있다.

PLAN YOUR TRIP : TRAVELER'S NOTE

Traveler's Note

> 산과, 강, 그리고 역사가 깃든 하동.
> 9가지의 숫자를 통해 하동만의 이야기를 소개한다.

675.5 km2

하동군의 총면적은 675.5㎢. 경상남도의 6.4%를 차지하고 있으며, 현재 1개의 읍과 12개의 면이 있다. 하동군의 면적이 넓은 만큼 짧은 기간 여행을 한다면 동선에 맞게 일정을 짜자.

1,200 years

신라 흥덕왕 때 대렴공이 중국에서 차씨를 가져와 처음으로 심은 곳이 하동이다. 하동은 1,200여 년의 역사를 지닌 야생차의 고장으로 곳곳에 차밭이 자리하고 있다.

1 number

우리나라 최초로 지정된 국립 공원 제1호 지리산. 경상남도 하동군, 산청군, 함양군, 전라남도 구례군, 전라북도 남원시에 걸쳐 있으며, 쌍계사 등 유서 깊은 사찰과 문화재가 많다.

3,333 pole

환인, 환웅, 단군을 모시는 배달겨레의 성전인 삼성궁을 따라 3,333개의 솟대가 쌓여 성전을 이루고 있다. 소원을 빌며 지리산 자락의 돌로 솟대를 쌓아 옛 소도를 복원했다.

212.3 km

우리나라에서 네 번째로 긴 강인 섬진강의 길이 212.3km. 전라북도 진안군 백운면 팔공산에서 발원해 경상남도 하동군 화개면, 금성면을 지나 광양만으로 흘러 들어간다.

849 m

한려해상 국립공원의 아름다운 바다와 섬을 한눈에 볼 수 있는 금오산의 높이는 849m. 일출이 아름답기로 유명해 많은 사람이 찾는 산이다.

3,420 km

금오산 정상에 자리한 아시아 최장 짚와이어의 길이는 3.420km, 최고 시속 120k/m. 하동의 아름다운 풍경이 눈앞에 펼쳐지는 짜릿한 경험을 할 수 있다.

23 %

녹차 재배면적이 전국 대비 23%를 차지하고 있는 하동. 녹차 재배에 유리한 기후 조건과 토질을 갖추고 있어 다른 지역과 차별화된 녹차 상품들을 하동에서 만나볼 수 있다.

830,000 pyeong

박경리 소설 토지의 주 무대가 된 평사리들판은 83만여 평에 달한다. 드넓게 펼쳐진 들판을 달리다 보면 하동의 자연 바람과 함께 스트레스도 날릴 수 있다.

PLAN YOUR TRIP : CHECK LIST

Check List

> 하동을 여행하기 전, 참고하면 좋을 9가지 리스트를 체크하고 가자.

Be Careful!

하동은 지형 특성상 오르막길이 많다. 특히 차밭을 가기 위해서는 좁은 산길을 올라가야 하는 경우가 많아 주의해야 한다. 산을 올라가는 길은 보통 1차선 도로이므로 내려오는 차와 겹치지 않게 안전 운전해야 한다.

Open

하동에서 일정상 아침 일찍 식사해야 하는 경우 걱정하지 않아도 된다. 대부분의 재첩국 식당, 로컬 식당이 아침 일찍 문을 열기 때문. 다만, 혹시 오픈을 하지 않았을 수 있으니 전화 후 방문하도록 하자.

Taxi

하동은 북쪽에서 남쪽까지의 거리가 멀어 택시비가 상당히 많이 나온다. 그렇기 때문에 택시를 이용할 경우 하동군에서 운영하는 관광택시 이용을 추천. 기사님들로부터 하동에 대한 알짜 정보들도 획득할 수 있다.

Specialty

하동을 여행 왔다면 특산물을 빼먹지 말자. 녹차, 재첩, 밤, 대봉감, 매실 등 전국에서도 최상품으로 꼽힌다. 특히 녹차로 만든 제품들은 어느 걸 사서 가더라도 인기 만점. 여행 기념품으로 손색이 없다.

Closed

일찍 문을 여는 대신 몇몇 카페와 식당들을 제외하고는 하동의 상점들은 문을 일찍 닫는다. 저녁 8시가 지나고 나면 마을이 조용해지고 상점들의 불빛이 꺼진다. 이를 고려해 일정을 짜야 하며, 혼자 늦은 시간 여행하는 것을 피하길 바란다.

SNS

하동의 카페, 숙소 등 유명 카페와 숙소의 경우 대부분 손님과 SNS로 소통을 한다. 정식 휴무일 외에도 비정기적으로 문을 닫는 경우 SNS에 공지하는 경우가 많으니 한 번 더 확인하고 방문하도록 하자.

Market

하동 내 큰 전통 시장 2곳인 하동공설시장과 화개장터. 하동공설시장은 상설, 끝자리가 2, 7일 때, 화개장터의 경우 상설로 운영된다. 매일 장이 열리는 곳이니 날짜를 맞춰 가지 않아도 되지만 하동공설시장의 경우 2, 7일에 더 활기찬 시장의 모습을 볼 수 있다.

Reserve

오리, 닭백숙을 먹고 싶다면 최소 30분에서 1시간 전에 전화해서 예약하자. 예약하지 않고 방문하면 오래 걸릴 수 있다. 또한, 녹차 체험을 하고 싶다면 미리 전화나 예약 사이트에 들어가 꼭 예약하고 가야 헛걸음하는 일이 안 생긴다.

Local Money

하동에는 '하동사랑상품권'이라는 상품권이 있다. 하동 지역 내 유통을 통해 지역 상권을 보호하고 경제 활성화를 위해 발행하였다. 상시 할인, 비정기적 할인 등을 하고 있으며, 하동 농협군지부, 지역 농·수·축협 등에서 구매할 수 있다.

PLAN YOUR TRIP : SEASON CALENDAR

Season Calendar

> 그 계절에만 누릴 수 있는 즐길 거리가 다양한 하동.
> 시기만 잘 맞춘다면 눈과 입이 즐거운 여행을 만끽할 수 있다.

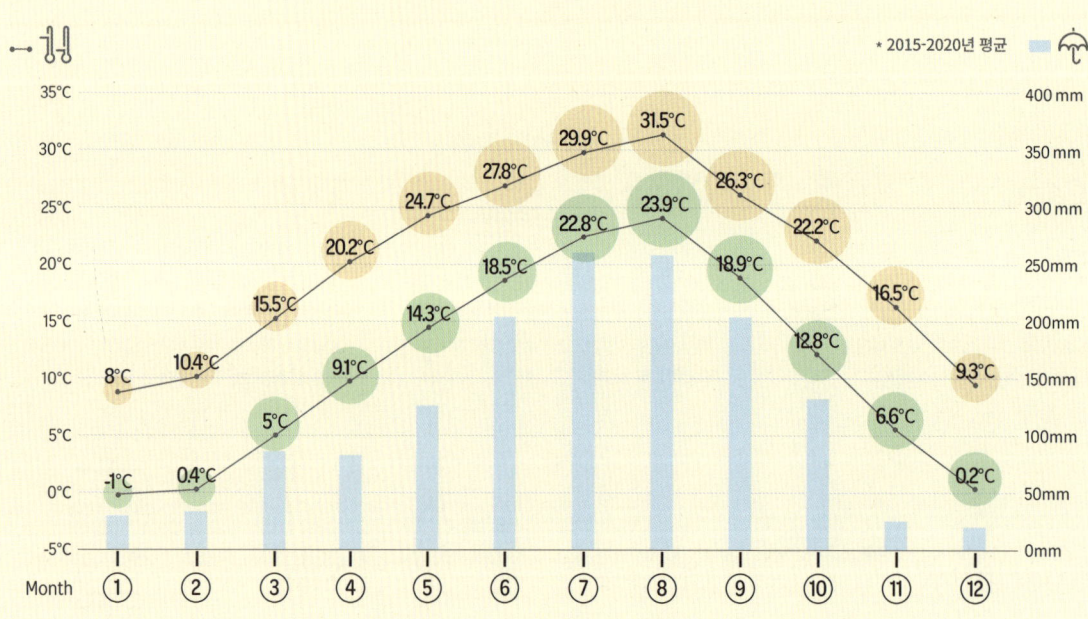

12~2

12~2월 겨울
하동은 경남 최서부에 위치한 지역으로, 겨울에는 북서계절풍이 발달하여 추운 날씨가 이어진다. 산을 끼고 있어 체감 온도가 더 낮게 느껴질 수 있으니 두꺼운 외투를 챙기길 바란다. 겨울에는 문을 닫는 식당들도 많이 운영하는지 꼭 전화를 하고 방문하도록 하자.

3~5

3~5월 봄
봄 여행하면 하동이라는 수식어가 붙을 정도로 아름다운 자연 경관을 볼 수 있는 계절이다. 특히 화개 십리벚꽃길과 차밭은 봄에 빠지면 절대 안 되는 여행 코스. 3월이 되면 기온이 10도를 넘어서고 온화한 날씨가 이어지지만, 아침저녁으로 쌀쌀할 수 있으니 가벼운 외투를 챙기자.

6~8

6~8월 여름
하동을 액티비티하게 즐길 수 있는 계절. 섬진강 카누, 섬진강 물놀이 등 하동에서 여름에만 경험할 수 있는 즐길 거리가 다양하다. 계곡에서 먹는 백숙은 여름에만 먹을 수 있으니 맛보길 바란다. 다만 폭우나 태풍이 올 수 있으니 미리 일기 예보를 확인하고 계획을 세우도록 하자.

9~11

9~11월 가을
가을에는 맑고 청명한 날씨가 이어진다. 다만 늦가을부터는 바람이 차고, 일교차가 크니 감기에 걸리지 않게 옷차림에 신경을 쓰자. 하동 가을 여행 포인트가 많지만, 그중 으뜸은 북천면 직전리 일원에서 열리는 '코스모스·메밀꽃축제'이니 여행 일정에 참고하자.

PLAN YOUR TRIP : FESTIVAL

Festival

> 봄, 여름, 가을, 겨울 1년 365일 즐길 거리가 가득한 하동.
> 하동 여행을 좀 더 가득 채워줄 하동의 축제를 소개한다.

March
화개장터 벚꽃축제

3월 말, 4월 초 섬진청류와 화개동천 25km 구간을 아름답게 수놓은 벚꽃길이 펼쳐지며, 각종 행사와 축제가 열린다. 화개 벚꽃길은 사랑하는 연인이 두 손을 잡고 걸으면 백년해로한다고 해 '혼례길'이라고도 불린다.

May
하동야생차 문화축제

하동 하면 가장 먼저 떠오르는 녹차! 녹차에 관련한 축제도 빼질 수 없다. 지리산 야생녹차의 우수성을 알리기 위해 매년 5월 개최되며, 세계 각지의 차 명인이 한자리에 모인다. 2023년 5월에는 한 달간 하동세계차엑스포가 열린다.

July
알프스하동 섬진강문화 재첩축제

하동의 특산물 재첩을 주제로 열리는 축제이다. 섬진강의 문화, 하동재첩, 축제를 결합한 대표 여름 축제로 황금재첩잡기 등 다채로운 체험행사를 즐길 수 있다. 매해 7월경 하동 송림공원과 섬진강 일대에서 개최된다.

September
북천 코스모스·메밀꽃축제

가을이면 북천면 직전리 일원에 색색의 코스모스와 메밀꽃이 펼쳐져 장관을 이룬다. 탁 트인 코스모스 밭과 그 사이로 뚫린 기찻길에서 사진을 남기는 것이 포인트. 레일바이크와 미꾸라지 잡기 등 전통체험 행사를 즐길 수 있다.

October
토지문학제

박경리 소설 토지의 주 무대인 악양면 평사리에 조성된 우리나라 제1의 문학체험 마을에서 매년 10월 토지문학제가 개최된다. 박경리 대하소설 토지업적을 기리고 전국 문인, 문청들이 참여하는 우리나라 대표 문학제이다.

November
악양 대봉감축제

옛날 임금님의 진상품으로 유명한 과일 악양 대봉감을 주제로 열리는 축제이다. 대봉감 품평회, 대봉감 풍년을 기원하는 제례, 대봉감 시식 등 대봉감을 눈으로 보고, 맛보고, 즐길 수 있다. 매년 11월 악양면 평사리공원에서 개최된다.

PLAN YOUR TRIP : TRANSPORTATION

Transportation

> 섬진강을 따라, 차밭을 따라 아름다운 풍광이 펼쳐지는 하동.
> 하동 여행을 온전하게 즐길 수 있는 교통수단을 소개한다.

비행기 타고 하동 가기

수도권에서 출발한다면 차를 타고 바로 가는 방법보다 하동과 가까운 지역에 있는 공항에 도착, 렌터카를 이용하는 방법을 추천한다.

1. 사천공항

비행기를 탄다면 사천공항을 이용할 수 있다. 하동 중심까지 약 45km, 35분 거리이다. 다만 비행 편이 적어 시간대 선택에 제약이 있으니 일정에 맞다면 사천공항을 이용해 보자.

Ⓐ 경남 사천시 사천읍 사천대로 1971
Ⓣ 1661-2626

2. 여수공항

수도권에서 출발하는 비행기를 타고 하동에 간다면 여수공항이 가장 좋은 방법이다. 비행 편이 많아 시간대 선택이 자유로우며, 공항 근처 렌터카 업체도 여럿 있어 이용에도 편리하다. 여수공항에서 하동 중심지까지 약 45km, 40분 거리이다.

Ⓐ 전남 여수시 율촌면 여순로 386
Ⓣ 1661-2626

기차 타고 하동 가기

비행기와 마찬가지로 출발하는 지역에서 차를 타고 바로 가는 방법보다 하동과 가까운 지역에 있는 기차역에 도착, 렌터카를 이용하는 방법을 추천한다.

1. 진주역

경상권에서 하동을 여행한다면 진주역을 이용하자. 진주역에서 하동 중심지까지 약 45km, 40분 거리이다.

Ⓐ 경남 진주시 개양로116번길 33

2. 순천역

수도권에서 하동을 여행한다면 순천역을 이용하자. 하동 중심지까지 약 40km, 약 40분 거리이다. 역 주변에서 렌터카 빌리기도 쉽다.

Ⓐ 전남 순천시 팔마로 135

3. 하동역, 북천역

무궁화 열차에 탑승할 때 다다를 수 있는 역이다. 하동역의 경우 하동읍에 있으며, 북천역은 북천면에 위치하고 있다. 부산, 창원, 진주, 순천, 목포 등에서 여행을 온다면 하동역과 북천역을 이용해보자.

하동역
Ⓐ 경남 하동군 하동읍 너뱅이길 30
Ⓣ 055-882-7788

북천역
Ⓐ 경남 하동군 북천면 경서대로 2446-6
Ⓣ 055-883-7788

고속・시외버스 타고 하동 가기

비행기, 기차보다 시간은 오래 걸리지만, 하동에 바로 도착한다는 장점이 있다. 서울남부터미널에서 하동터미널, 화개터미널, 진교시외버스터미널까지 바로 가는 버스가 있다. 약 4시간 정도 소요된다.

하동터미널
Ⓐ 경남 하동군 하동읍 너뱅이길 35
Ⓣ 055-883-2663

화개터미널
Ⓐ 경남 하동군 화개면 화개로 18-2
Ⓣ 055-883-2793

진교시외버스터미널
Ⓐ 경남 하동군 진교면 진교중앙길 14-8
Ⓣ 055-883-8264

하동에서 이동하기

버스와 택시 등 대중교통이 있지만, 배차 간격이 넓어 하동 여행에서 대중교통을 이용하기란 사실 쉽지 않다. 버스나 택시 이용보다는 렌터카나 자가용 이용을 추천하며, 혹시라도 뚜벅이의 경우 하동군 관광택시 이용을 추천한다.

1. 렌터카

하동에서 오래 머무를 경우 렌터카가 가장 합리적. 다만, 하동 당일치기 혹은 1박, 2박의 짧은 일정이라면 카셰어링 서비스를 이용하자. 순천역, 진주역, 여수공항 인근에서 비교적 쉽게 서비스를 이용할 수 있다.

2. 택시

미리 검색을 한 후 개인택시 번호를 알고 이용하거나, 하동군에서 운영하는 하동관광택시 등을 활용하는 방법이 있다. 하동은 하나의 읍과 12개의 면이 있는 만큼 생각보다 택시비가 많이 나올 수 있으니 여행 일정과 시간, 비용 등을 고려해 이용하는 것을 추천한다.

하동관광택시
하동군에서 운영하는 관광택시로 문화관광 지식을 갖춘 기사가 운행하는 택시이다. 예약제로 운영되며, 기본 2시간 4만 원, 추가 1시간당 2만 원이 적용된다. 타 시·군 이동 시 군 경계에서 택시미터 요금이 적용된다.
Ⓣ 1588-1468

3. 버스

여행자가 버스를 타고 하동을 여행하기에는 적합하지 않다. 기본적으로 최소 한 번 이상 환승을 해야 목적지까지 갈 수 있으며, 배차 간격도 넓다.

★ Main Spot
T Tea Place
R Restaurant
C Cafe
D Dessert
H Hotel

MAP

—

Hadong

1. **HADONG** : 하동 개괄
2. **NORTH** : 북부 (화개 일대)
3. **CENTER** : 중부 (악양 일대)
4. **SOUTH** : 남부

1. HADONG : 하동 개괄

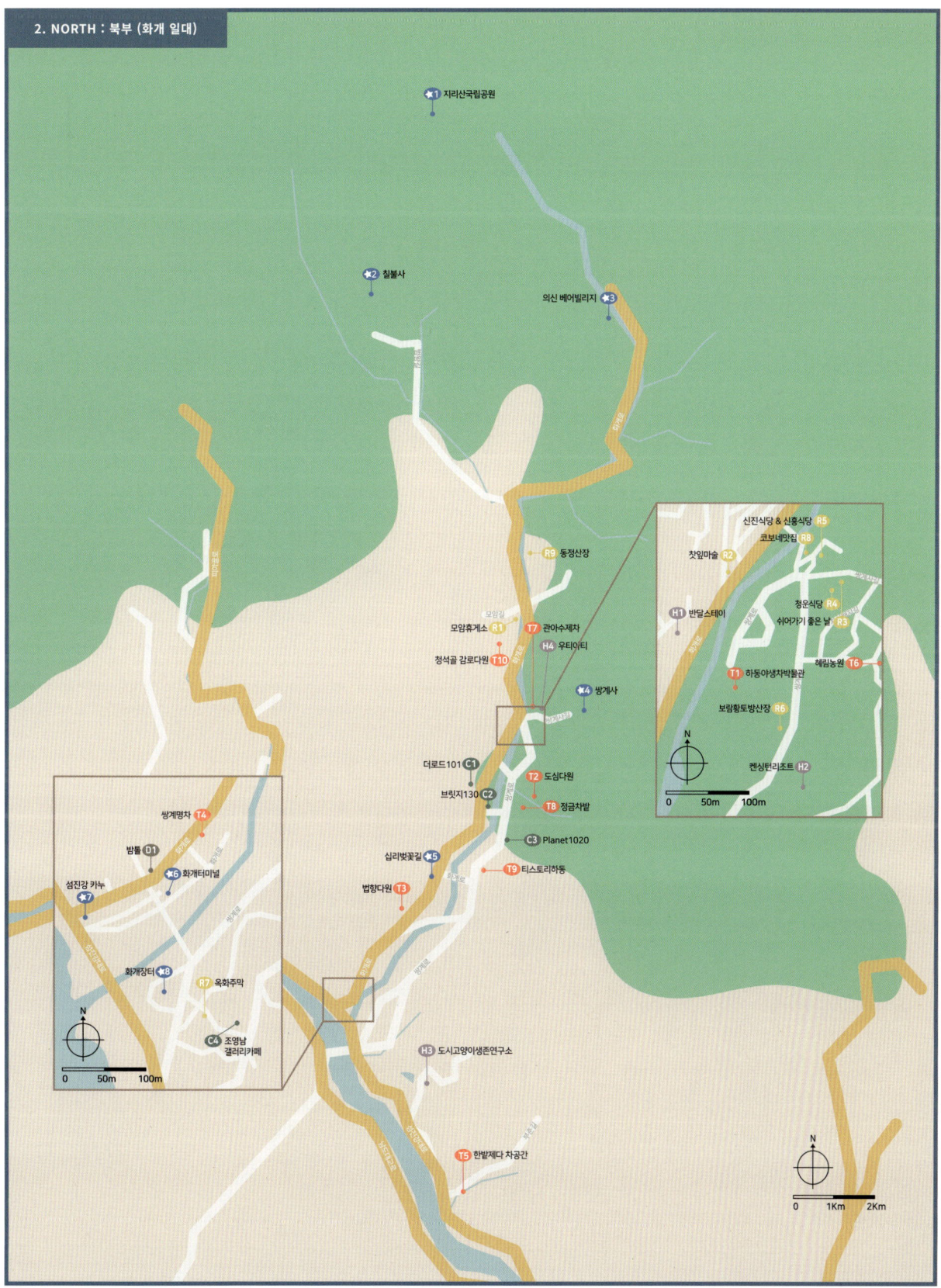

3. CENTER : 중부 (악양 일대)

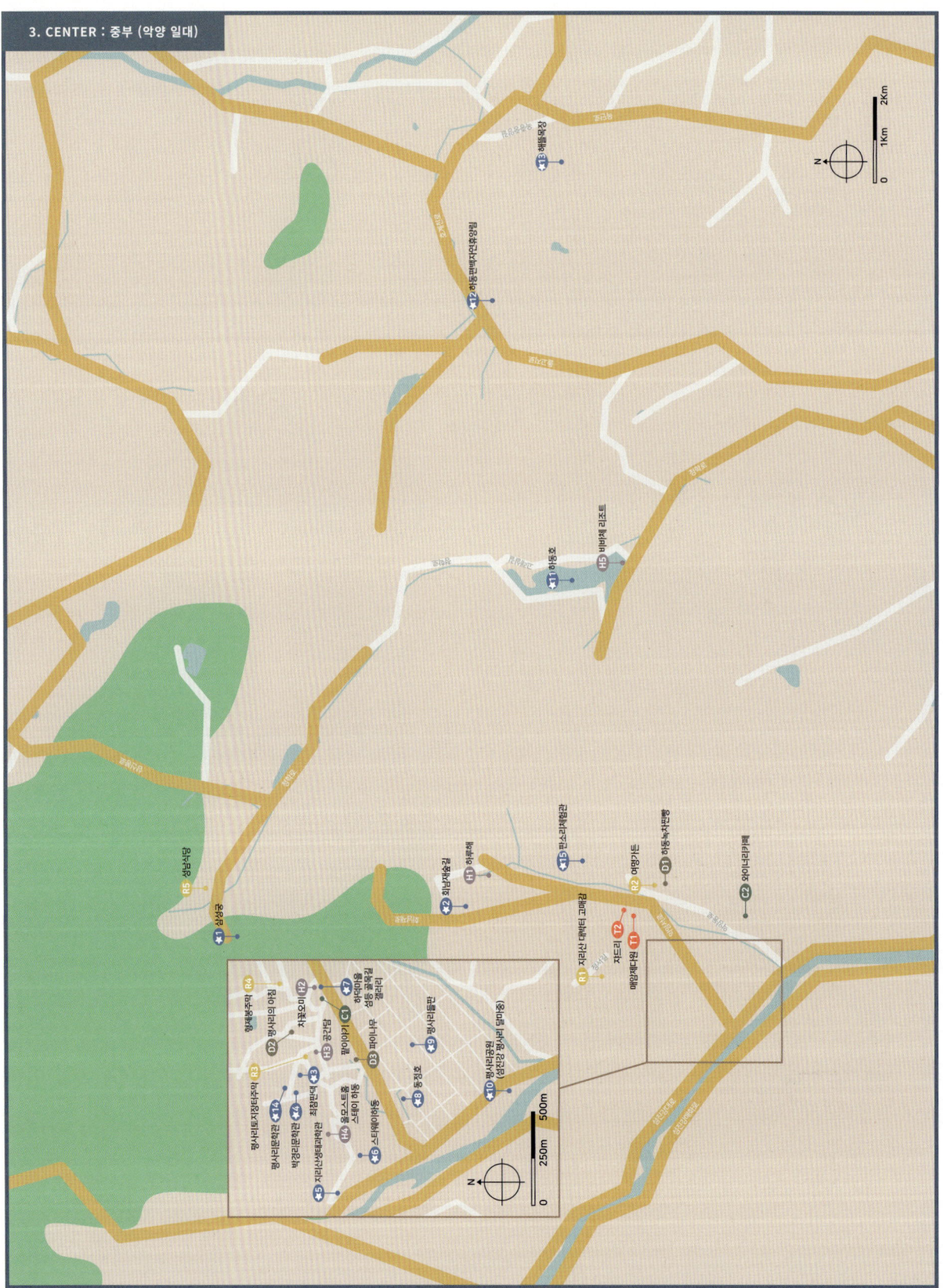

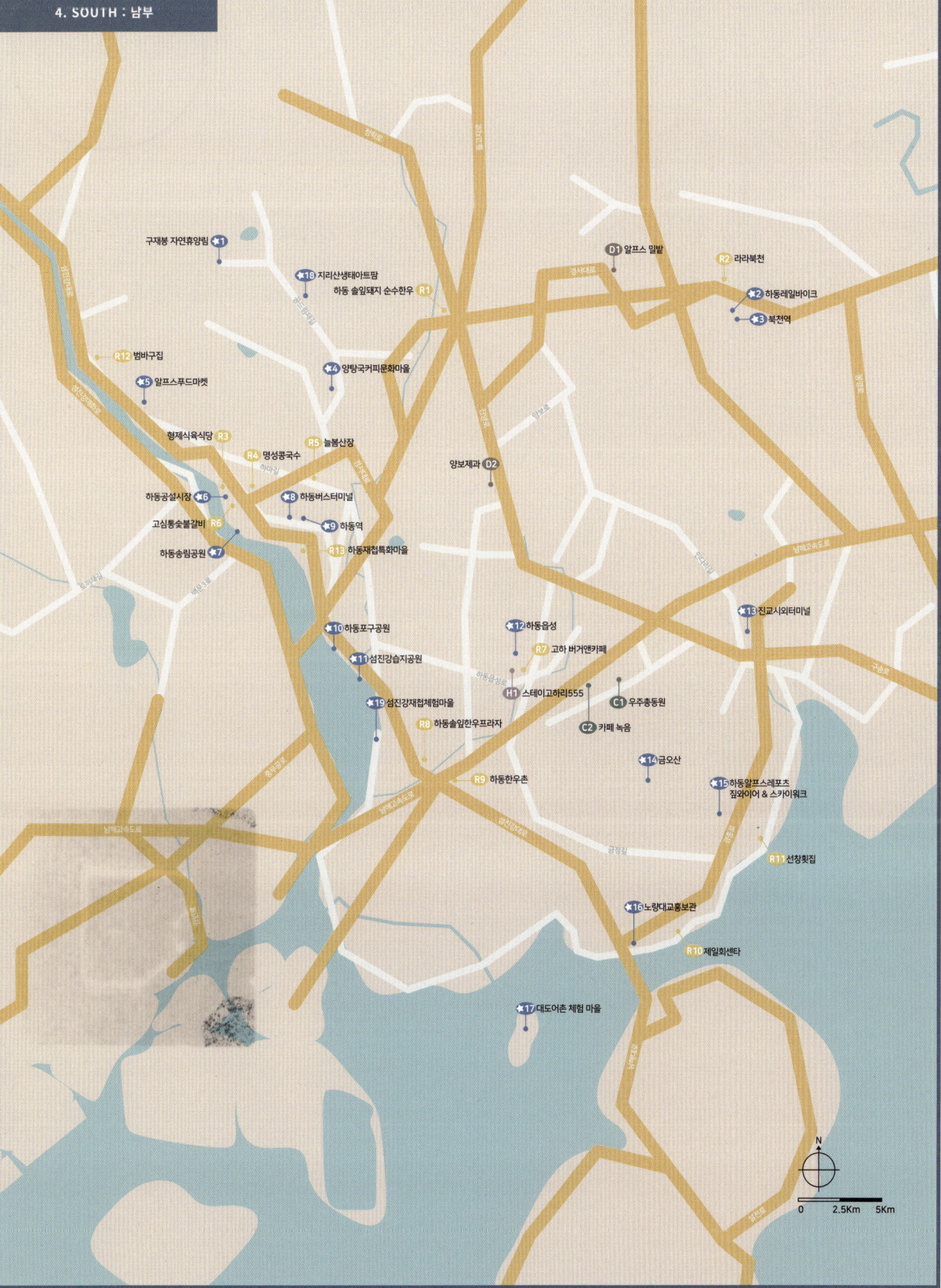

Writer
이지앤북스 편집팀

Publisher
송민지 Minji Song

Managing Director
한창수 Changsoo Han

Editor
황정윤 Jeongyun Hwang

Designers
김혜진 Hyejin Kim
김영광 Youngkwang Kim

Illustrator
수재비 soojaeb

Publishing
도서출판 피그마리온

Brand
easy&books
easy&books는 도서출판 피그마리온의 여행 출판 브랜드입니다.

Tripful

Issue No.23

ISBN 979-11-91657-03-6
ISBN 979-11-85831-30-5 (세트)
ISSN 2636-1469
등록번호 제313-2011-71호 등록일자 2009년 1월 9일
초판 1쇄 발행일 2022년 5월 2일

서울시 영등포구 선유로 55길 11, 6층 TEL 02-516-3923
www.easyand.co.kr

Copyright © EASY&BOOKS
EASY&BOOKS와 저자가 이 책에 관한 모든 권리를 소유합니다.
본사의 동의 없이 이 책에 실린 글과 사진, 그림 등을 사용할 수 없습니다.

* 본 도서는 하동군청의 협조 및 지원으로 제작되었으나,
  콘텐츠의 기획 및 제작은 출판사의 편집 방침에 따랐음을 밝힙니다.

EASY & BOOKS

트래블 콘텐츠 크리에이티브 그룹 이지앤북스는
2001년 창간한 <이지 유럽>을 비롯해, <트립풀> 시리즈 등
북 콘텐츠를 메인으로 다양한 여행 콘텐츠를 선보입니다.
또한, 작가, 일러스트레이터 등과의 협업을 통해 여행 콘텐츠
시장의 선순환 구조를 만드는 데 이바지하고 있습니다.

EASY & LOUNGE

이지앤북스에서 운영하는 여행콘텐츠 라운지 '늘NEUL'은
책과 커피, 여행이 함께하는 공간입니다. 큐레이션 도서와
소품, 다양한 이벤트를 통해 일상을 여행의 설렘으로 가득 채워
보세요.

서울 영등포구 선유로55길 11 1층
www.instagram.com/neul_lounge

www.easyand.co.kr
www.instagram.com/tripfulofficial
blog.naver.com/pygmalionpub

Tripful Local Travel Guide Books

① FUKUOKA

② CHIANGMAI

③ VLADIVOSTOK
Out of print book

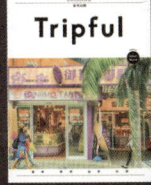
④ OKINAWA

⑤ KYOTO

⑥ PRAHA

⑦ LONDON

⑧ BERLIN

⑨ AMSTERDAM

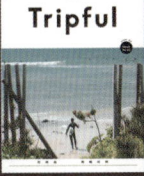
⑩ ITOSHIMA

⑪ HAWAII

⑫ PARIS

⑬ VENEZIA

⑭ HONGKONG

⑮ VLADIVOSTOK

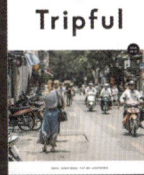
⑯ HANOI

⑰ BANGKOK

⑱ JEJU

⑲ HONGDAE, YEONNAM, MANGWON

⑳ WANJU

㉑ NAMHAE

㉒ GEOJE

㉓ HADONG

EASY SERIES Since 2001 Travel Guide Book Series

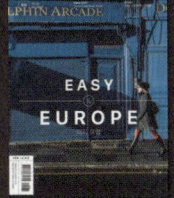

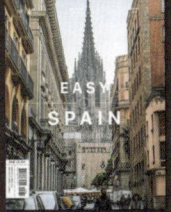

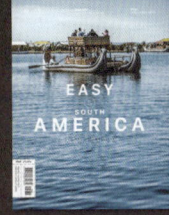

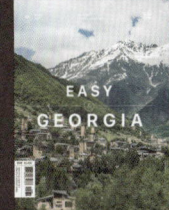

EASY EUROPE 이지유럽	EASY EUROPE SELECT5 이지동유럽5개국	EASY SPAIN 이지스페인	EASY CUBA 이지쿠바	EASY SOUTH AMERICA 이지남미	EASY GEORGIA 이지조지아
EASY RUSSIA 이지러시아	EASY SIBERIA 이지시베리아	EASY EASTERN EUROPE 이지동유럽	EASY CITY BANGKOK 이지시티방콕	EASY CITY DUBAI 이지시티두바이	EASY CITY TOKYO 이지시티도쿄
EASY CITY GUAM 이지시티괌	EASY CITY TAIPEI 이지시티타이페이	EASY CITY DANANG 이지시티다낭